Mosaik
bei GOLDMANN

Buch

»Anton aus Tirol« ist eine Naturgewalt, wie man sie nicht alle Tage erlebt. Der gleichnamige Song ist der Partyknüller der Saison! Weit über 1 Million verkaufte CDs, Doppelplatin in Deutschland und Auszeichnungen in ganz Europa, Nummer 1 in den Hitparaden, auf dem Sprung in die englischen, amerikanischen und japanischen Charts, ausverkaufte Auftritte, in den Startlöchern für eine eigene TV-Show.

In diesem Kochbuch hat der Sänger und gelernte Koch DJ Ötzi erstmals seine Lieblingsrezepte versammelt. Hier finden Sie die besten Tiroler Spezialitäten - direkt aus der Heimat des beliebten Superstars.

Autor

DJ Ötzi, der 30-jährige Sänger aus dem Ötztal, mit bürgerlichem Namen Gerry Friedle, absolvierte eine Lehre zum Koch. Doch bald schien es ihm weitaus schmackhafter, als DJ und Sänger die Sause zu machen. Seine Mixtur aus Tiroler Abend und Tresen-Sause, Volksmusik und Schunkel-Disco eroberte die Hitparaden.

DJ ÖTZI

Das
Anton aus Tirol
Kochbuch

DJ Ötzis
Lieblingsrezepte

Mosaik
bei GOLDMANN

Songtexte entnommen der CD
»Anton featuring DJ Ötzi – Das Album«;
Songtextautoren: M. Schachner, F. Schicho, M. Padinger,
I. E. Musenbichler, M. Kackl, R. Watts, F. Brachner,
U. Kackl, K. Alford, Wabra, M. Seitz,
C. Brandstätter, K. Biedermann

Umwelthinweis:
Alle bedruckten Materialien dieses Taschenbuches sind
chlorfrei und umweltschonend.

Originalausgabe März 2001
© 2001 Wilhelm Goldmann Verlag, München
in der Verlagsgruppe Bertelsmann GmbH
Umschlaggestaltung: Design Team München
unter Verwendung eines Fotos von Andreas Hermann
und einer Illustration von design.it (Illu)
Umschlaginnenseiten: design.it
Foto Seite 8 entnommen dem Buch Friedle/Ehrlich:
»Der Mann, den sie Anton nannten«, 2000 Wien
Satz: Buch-Werkstatt GmbH, Bad Aibling
Druck: Elsnerdruck, Berlin
Verlagsnummer: 16362
kö · Herstellung: Max Widmaier
Made in Germany
ISBN 3-442-16362-5
www.goldmann-verlag.de

1 3 5 7 9 10 8 6 4 2

INHALT

Liebe Freunde,

wisst ihr, was neben der Musik schon immer die wichtigste Rolle in meinem Leben gespielt hat? Na, ist doch klar: ein gutes Essen - das gehört einfach dazu.

Ich hatte das Glück, bei der besten Köchin im ganzen Ötztal aufzuwachsen: bei meiner Oma (siehe unten). Wenn ich auch nur an ihre köstlichen Krautkrapfen - bei uns in Tirol »Hoasna« genannt - denke, läuft mir sofort das Wasser im Munde zusammen. Und wenn ich heute von meinen Konzerten ausgehungert nach Hause komme, dann steigt mir schon vor dem Haus der herrliche Geruch in die Nase. Sie hat mir von klein auf jede Menge Tricks und Kniffe verraten, wie ihre Rezepte garantiert gelingen! Ohne sie hätte ich es wahrscheinlich nie geschafft, richtig kochen zu lernen. Die Oma hatte dann auch die Idee zu meiner Kochlehre.

Die drei Jahre waren eine wirklich harte Zeit für mich, aber ich lernte auch viel Neues, und meine Kochkünste waren bald legendär. Vor allem meine Krautkrapfen verschwanden stets in Windeseile …

Wie ihr wisst, sind in den vergangenen Monaten viele Wünsche für mich in Erfüllung gegangen: Ich hatte großen Erfolg mit meinen Liedern und bin jetzt auch oft viele Wochen mit meiner phantastischen Band, meinen Chormädels und super Tänzerinnen unterwegs.

Deshalb habe ich leider kaum noch die Zeit, selbst zu kochen. Das finde ich wirklich schade. Mir hat es immer sehr viel Freude gemacht, etwas besonders Leckeres für die Familie oder für Freunde zuzubereiten und dies dann gemeinsam zu genießen … Zum Glück klappt es dann doch ab und zu, für ein paar Stunden zusammenzusitzen.

Für meine Shows brauche ich natürlich auch jede Menge Energie. Da ist ein ausgewogenes Essen davor einfach Pflicht. Das darf nicht zu reichhaltig sein, sonst zieht mich mein schwerer Magen auf den Bühnenboden runter. Aber auch nicht zu leicht, weil mir sonst die Power für meinen Auftritt nicht ausreicht. Am liebsten esse ich nur einen frischen Salat vor einem Live-Event - dann kann die Party beginnen!

Logisch, dass ich bei meinen vielen Reisen das gute Tiroler Essen extrem vermisse … Deshalb habe ich in diesem Kochbuch nun erstmals alle mir wichtigen Rezepte aus meiner Heimat zusammengestellt. Für die meisten Gerichte braucht ihr keine ausgefallenen Zutaten, ihr könnt sie ohne Probleme nachkochen - und was natürlich am wichtigsten ist: Es schmeckt garantiert!

Tut euren Freunden doch mal was Gutes und kocht für sie, nehmt euch Zeit füreinander. Ich glaube, dass jeder von uns einiges dazu beitragen kann, dass es anderen besser geht. Warum probiert ihr es nicht einmal aus? So ein gemeinsames Essen ist ein wunderbarer Anfang! Genießt die Stunden, und ihr kennt ja mein Motto: LOVE, PEACE & VOLLGAS.

Euer Gerry Friedle

SUPPEN

*Etwas Warmes tut einfach gut – vor allem
nach einem langen Tag auf der Piste oder
nach einem schönen Spaziergang im Herbst
oder Winter, wenn man so richtig
durchgefroren ist.
Dann ist so ein Süppchen genau passend:
Es wärmt Körper und Seele und macht wieder
fit für alle Abenteuer, die da am Abend noch
folgen mögen …*

Brennsuppe

60 g Butter
80 g Mehl
ca. 1½ l Wasser
Salz
1 Msp. Kümmel
1 Lorbeerblatt
1 Bund Schnittlauch
1 Bund Petersilie

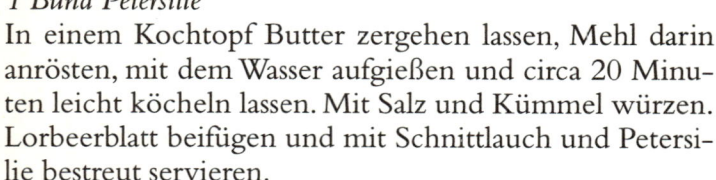

In einem Kochtopf Butter zergehen lassen, Mehl darin
anrösten, mit dem Wasser aufgießen und circa 20 Minuten leicht köcheln lassen. Mit Salz und Kümmel würzen.
Lorbeerblatt beifügen und mit Schnittlauch und Petersilie bestreut servieren.

Gehaltvoller wird die Brennsuppe, wenn man gekochte,
in Scheiben geschnittene Kartoffeln oder geröstete Brotwürfel beigefügt.

Grießsuppe

50 g Butter
1 kleine Zwiebel
1 Bund Wurzelwerk (¼ Sellerieknolle,
1 Petersilienwurzel, 1 Karotte, ½ Stange Lauch)
150 g Grieß
ca. 1½ l Wasser
1 Ei
Salz
½ Bund Schnittlauch

Butter in einem Kochtopf zergehen lassen, Zwiebel darin
anrösten, in kleine Würfel geschnittenes Wurzelwerk mit-

rösten, Grieß beifügen und alles schnell goldgelb anrösten. Anschließend aufgießen und den Grieß verkochen
lassen. Am Schluss das versprudelte Ei dazugeben, salzen
und mit geschnittenem Schnittlauch servieren.

*»Ich bin so schön, ich bin so toll,
ich bin der Anton aus Tirol.«*

Brotsuppe

*Kleine Suppe, große Wirkung –
schmeckt besonders gut
mit ein paar klein geschnittenen Würsteln drin!*

1 Semmel
4 Scheiben altbackenes Schwarzbrot
ca. 1½ l Wasser
4 EL Butter
30 g Speck
1 große Zwiebel
1 Msp. Kümmel
1 Würfel Suppenwürze
Salz
1 Ei
125 g Obers
evtl. 1 Paar Frankfurter Würstchen

Semmel und 2 Scheiben vom Schwarzbrot klein schneiden, circa 45 Minuten kochen lassen und passieren.
In einem Kochtopf Butter zum Schmelzen bringen, fein

geschnittenen Speck und fein gehackte Zwiebel darin leicht anrösten, restliche Brotscheiben würfelig schneiden und mitrösten, aufgießen und circa 30 Minuten kochen lassen. Brot im Mixer passieren, Kümmel, Suppenwürze und Salz dazugeben. Anschließend mit versprudeltem Ei und Obers verfeinern.

Als Einlage kann man ein Paar in Scheiben geschnittene Frankfurter Würstchen reichen.

Gerstensuppe

1 Kaffeetasse Rollgerste
1 EL Bohnen
ca. 1½ l Wasser
Selchfleisch
Salz und Pfeffer
1 Karotte
½ Stange Lauch
1 Kartoffel
Mehl zum Binden

Rollgerste und Bohnen gut waschen, über Nacht in Wasser einweichen. Selchfleisch hinzugeben und alles im Einweichwasser weich kochen. Mit Salz und Pfeffer würzen. Gegen Ende klein geschnittenes Gemüse dazugeben. Wenn die Suppe zu dünnflüssig ist, mit Mehl binden.

»Meine gigaschlank'n Wadl'n
san da Wahnsinn für die Madl'n,
mei Figur a Wunder der Natur.«

Osttiroler Brennnesselsuppe

Brennnesseln sind oft sehr unbeliebt, weil man sie als Unkraut kaum bekämpfen kann. Dabei sind sie eine äußerst wirksame Heilpflanze - und die köstliche Grundlage für diese Suppe.

300 g junge Brennnesselblätter
3 EL Butter
1 kleine Zwiebel
3 EL Mehl
ca. 1½ l Wasser
Salz
1 Knoblauchzehe
1 Zweig Liebstöckel
1 Bund Petersilie
1 Knoblauchzehe
evtl. ½ Würfel Suppenwürze
125 g Obers
1 Bund Schnittlauch

Brennnesseln kurz überbrühen, fein hacken oder mixen. In zerlassener Butter die fein gehackte Zwiebel anrösten, mit Mehl stauben und alles kurz anrösten. Dann mit Wasser aufgießen, salzen und circa 20 Minuten köcheln lassen. Fein gehackte Brennnesselblätter, zerdrückten Knoblauch, Liebstöckel und gehackte Petersilie beifügen. Am Schluss nach Geschmack eventuell Suppenwürze zugeben und Obers unterrühren. Mit geschnittenem Schnittlauch bestreut servieren.

Tiroler Fastensuppe

3 EL Butter
1 Zwiebel
4 EL Mehl,
ca. 1½ l Wasser
Gemüse nach Belieben
(z. B. 1 Kartoffel, 1 Kohlrabi, 1 Karotte, ¼ Sellerieknolle)
Salz und Pfeffer
Schnittlauch

In zerlassener Butter fein gehackte Zwiebel anrösten, mit
Mehl stauben, mit kaltem Wasser aufgießen und circa 15
Minuten köcheln lassen. Fein geschnittenes Gemüse hin-
eingeben und kochen lassen, bis das Gemüse gar ist. Am
Schluss mit Salz und Pfeffer abschmecken und mit ge-
schnittenem Schnittlauch servieren.

Graukassuppe

4 EL Butter
1 kleine Zwiebel
200 g reifer Graukas
2 kleine Knoblauchzehen
ca. 1½ l Rindsuppe
⅛ l Weißwein
1 Kartoffel
Salz und Pfeffer
1 Prise Kümmelpulver
125 g Obers
1 Bund Petersilie
Butter zum Anrösten
Schwarzbrotwürfel als Einlage

In zerlassener Butter die klein gehackte Zwiebel anrösten, würfelig geschnittenen Graukas darin schmelzen,
zerdrückten Knoblauch dazugeben und mit Rindsuppe
und Weißwein aufgießen. Rohe, würfelig geschnittene
Kartoffel hineingeben und gar kochen und mit Salz, Pfeffer und Kümmel würzen. Zum Schluss den geschlagenen
Obers unterziehen und mit Petersilie bestreut servieren.
Als Einlage reicht man in heißem Fett geröstete Schwarzbrotwürfel.

Kassuppe

50 g Butter
1 kleine Zwiebel
ca. 1½ l Rindsuppe
50 g Mehl
240 g Obers
2 Dotter
150 g Käse (Parmesan, Bergkäse, Emmentaler)
Salz und Pfeffer
1 Msp. Kümmel
1 Bund Schnittlauch
1 Bund Petersilie
Butter zum Anrösten
Schwarzbrotwürfel als Einlage

Butter zergehen lassen, fein gehackte Zwiebel goldgelb
anrösten, mit Rindsuppe aufgießen. Mehl, Obers, Dotter
und Käse mit den Gewürzen in einer Schüssel gut vermischen. Suppe von der Herdplatte nehmen und das Käse-
gemisch mit einem Schneebesen einrühren. Mit Schnittlauch und Petersilie bestreut servieren. Als Einlage eignen
sich in Butter geröstete Schwarzbrotwürfel.

Gemüsesuppe

Das absolut beste Essen zum Aufwärmen nach einem kalten Tag auf der Piste. Macht munter und fit für die Après-Ski-Party!

3 EL Butter
1 Zwiebel
2 Karotten
2 kleine Kartoffeln
2 Kohlrabi
½ Rose Karfiol
ca. 5 EL Erbsen
1 TL Mehl
1½ l Wasser
1 Würfel Suppenwürze
Salz
1 Bund Petersilie

In einem Topf Butter schmelzen, fein gehackte Zwiebel anrösten, das würfelig geschnittene Gemüse dazugeben und gut umrühren. Anschließend mit Mehl stauben, mit kaltem Wasser aufgießen und kochen lassen, bis das Gemüse bissfest ist. Am Schluss Suppenwürze und Salz dazugeben und mit gehackter Petersilie bestreuen.

Erdäpfelsuppe

50 g Butter
1 kleine Zwiebel
50 g Mehl
1½ l Wasser
ca. 4 mittelgroße Erdäpfel

1 Karotte
½ Stange Lauch
Salz und Pfeffer
1 Msp. Majoran
1 Lorbeerblatt
1 Würfel Suppenwürze
1 Bund Petersilie
evtl. 50 g getrocknete Steinpilze

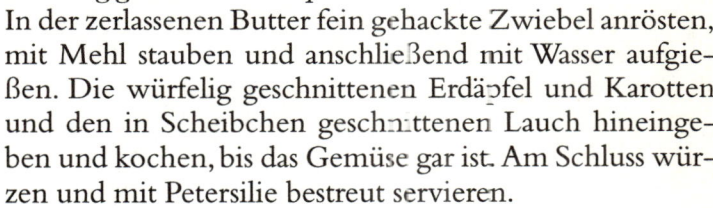

In der zerlassenen Butter fein gehackte Zwiebel anrösten, mit Mehl stauben und anschließend mit Wasser aufgießen. Die würfelig geschnittenen Erdäpfel und Karotten und den in Scheibchen geschnittenen Lauch hineingeben und kochen, bis das Gemüse gar ist. Am Schluss würzen und mit Petersilie bestreut servieren.
Hervorragend schmeckt die Erdäpfelsuppe, wenn am Schluss getrocknete Steinpilze mitgekocht werden.

Erdäpfelsuppe mit Eierschwammerln

1 kleine Zwiebel
1 Bund Wurzelwerk (¼ Sellerieknolle,
1 Petersilienwurzel, 1 Karotte, ½ Stange Lauch)
50 g Butter
100 g Speck
200 g Eierschwammerln
1½ l Wasser oder Rindsuppe
4 große Erdäpfel
Salz und Pfeffer
½ TL Majoran

Zwiebel und Wurzelwerk klein schneiden, in Butter rösten, klein geschnittenen Speck dazugeben, geputzte Eierschwammerln beifügen und alles kurz weiterrösten. Mit

Wasser oder Brühe aufgießen und aufkochen. Erdäpfel würfelig schneiden und in die Suppe geben. Mit Salz, Pfeffer und Majoran würzen und köcheln lassen, bis die Erdäpfel weich sind.

Lauchsuppe

750 g Lauch
4 EL Butter
Salz und Pfeffer
60 g Mehl
1½ l Wasser
2 kleine Kartoffeln
Petersilie

Lauch putzen, in feine Ringe schneiden, kurz in Butter dünsten. Dann würzen, mit Mehl stauben, mit Wasser aufgießen und kurz aufkochen. Die geschälten und klein geschnittenen Kartoffeln dazugeben und auf niedriger Flamme kochen lassen, bis die Kartoffeln weich sind. Mit Petersilie bestreut servieren.

Innsbrucker Knoblauchsuppe

Dieses Rezept genießt du am besten nicht vor einem wichtigen Rendezvous! Aber zu allen anderen Gelegenheiten ist die Knofisuppe wirklich der Hit …

3 EL Butter
1 Zwiebel
⅛ l Weißwein
3 EL Mehl

½ l Rindsuppe, Gemüsesud
oder Wasser mit Suppenwürze
½ l Milch
5 Knoblauchzehen
Salz und wenig Pfeffer
1 Prise Muskatnuss
125 g Obers
Schnittlauch
Für die Einlage
2 Semmeln
6 Knoblauchzehen
3 EL Butter

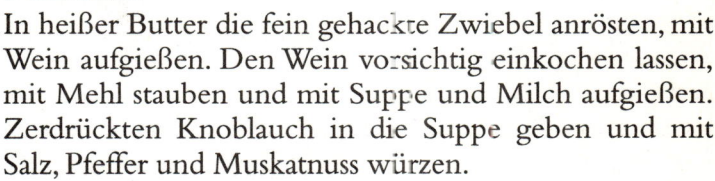

In heißer Butter die fein gehackte Zwiebel anrösten, mit
Wein aufgießen. Den Wein vorsichtig einkochen lassen,
mit Mehl stauben und mit Suppe und Milch aufgießen.
Zerdrückten Knoblauch in die Suppe geben und mit
Salz, Pfeffer und Muskatnuss würzen.

Für die Einlage Semmeln würfelig schneiden, die Knoblauchzehen zerdrücken und mit den Semmelwürfeln in
zerlassener Butter anrösten.

Zuletzt die Suppe mit Obers verbessern. Mit Schnittlauch bestreuen und mit der Einlage servieren.

Klare Suppe
mit gebackenen Semmelscheiben

Für die Suppe
500 g Rindsknochen und / oder Suppenfleisch
1½ l Wasser
1 kleine Zwiebel
1 Bund Wurzelwerk (¼ Selleriekrolle, 1 Petersilienwurzel,

1 Karotte, ½ Stange Lauch)
3 Neugewürzkörner
3 Pfefferkörner
1 Prise Muskatnuss
Salz
evtl. ½ Würfel Suppenwürze
1 Bund Petersilie
1 Bund Schnittlauch
Für die Semmelscheiben
1½ Semmeln
1 kleines Ei
1 EL Milch
½ EL Öl
50 g geriebene Mandeln (oder Nüsse)
Butter zum Herausbacken

Knochen und Suppenfleisch in kaltem Wasser zustellen. Zwiebel und Wurzelwerk dazugeben, würzen, circa 1 Stunde köcheln lassen, dann das Gemüse entfernen. Am Schluss nach Geschmack salzen und eventuell mit Suppenwürze nachwürzen.

Für die Einlage Semmeln in dünne Scheiben schneiden, kurz in ein Gemisch aus Ei, Milch und Öl eintauchen, dann in geriebenen Mandeln (Nüssen) drehen und in heißem Fett goldgelb backen.

Zum Schluss klein gehackten Schnittlauch und Petersilie in die Suppe geben und mit der Einlage servieren.

»Ich bin so stark und auch so wild,
ich treib es heiß und eisgekühlt.«

Klare Suppe mit Käseröstschnitten

1½ l Rindsuppe (nach Rezept »Klare Suppe mit gebackenen Semmelscheiben« auf S. 19)
3 EL Butter
70 g Hartkäse (beliebige Sorten)
1 Ei
Salz und Pfeffer
1 Prise Paprika
evtl. Semmelbrösel
2–3 Semmeln

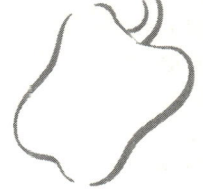

Rindsuppe herstellen. Flaumig gerührte Butter mit Käse, Ei, Salz, Pfeffer und Paprika vermischen. Wenn die Masse zu weich ist, Semmelbrösel dazugeben. Semmeln in ½ cm dicke Scheiben schneiden, mit Käsemischung bestreichen, im Backrohr kurz überbacken. Als Suppeneinlage mit der Rindsuppe servieren.
Wenn man die dreifache Menge nimmt, kann man die Semmelscheiben als Jausenbrötchen zu Tee oder Punsch oder mit Salat servieren.

Grießnockerlsuppe

1½ l Rindsuppe (nach Rezept »Klare Suppe mit gebackenen Semmelscheiben« auf S. 19)
1 EL Butter
2 Eier
Salz
1 Prise Muskatnuss
2 EL Grieß
1 Bund Petersilie oder Schnittlauch

Rindsuppe herstellen. Für die Grießnockerln Butter flaumig rühren, Eier, Salz, Muskatnuss und Grieß dazugeben, alles gut durchmischen und 15 Minuten ziehen lassen. Mit zwei nassen Kaffeelöffeln circa 3 cm große Nockerln formen und in reichlich leicht wallendem Salzwasser 20 Minuten kochen lassen. Anschließend noch 20 Minuten im heißen Wasser ziehen lassen.

Aus dem Wasser nehmen und mit Rindsuppe und Petersilie oder Schnittlauch bestreut servieren.

Frittatensuppe

1½ l Rindsuppe (nach Rezept »Klare Suppe mit gebackenen Semmelscheiben« auf S. 19)
150 g Mehl
¼ l Milch
2 Eier
Salz
60 g Butter

Rindsuppe herstellen. Für die Frittaten aus Mehl, Milch, Eiern und Salz einen Rührteig machen. In zerlassener Butter dünne Palatschinken herausbacken. Palatschinken übereinander legen, einmal durchschneiden und zu möglichst dünnen Frittaten schneiden.

»Dann lass i meine Muskeln spiel'n,
die Mädels woll'n mein Bizeps fühl'n.
I lach und sag, mei wahre Kraft,
entfalt i erst nach Mitternacht.«

Eintropfsuppe

1½ l (nach Rezept »Klare Suppe mit gebackenen Semmel-
scheiben« auf S. 19)
2 Eier
50 g Mehl
Salz
1 EL Wasser
1 Bund Petersilie

Rindsuppe herstellen. Für die Einlage in einer Schale Eier versprudeln, mit Mehl, Salz und Wasser gut verrühren.
Alles dünn in die kochende Rindsuppe einlaufen lassen
(= eintropfen). Einmal kurz aufkochen und gleich mit gehackter Petersilie bestreut servieren.

Nudelsuppe
mit Frankfurter Würstchen

1½ l Rindsuppe (nach Rezept »Klare Suppe mit gebackenen
Semmelscheiben« auf S. 19)
200 g Suppennudeln
1 Bund Schnittlauch

Rindsuppe herstellen und die in kleine Stücke geschnittenen Frankfurter Würstchen beifügen. In viel kochendem Salzwasser die Nudeln bissfest kochen, abseihen und
mit kaltem Wasser kurz abschrecken. In Suppentellern
anrichten und mit der Suppe übergießen. Mit geschnittenem Schnittlauch bestreuen.

Leberreissuppe

*1½ l Rindsuppe (nach Rezept »Klare Suppe mit gebackenen
Semmelscheiben« auf S. 19)*
200 g Rindsleber
3 Semmeln
2 EL Schmalz oder Öl
1 kleine Zwiebel
1 Bund Petersilie
1 Ei
Salz und Pfeffer
½ TL Majoran
1 EL Milch
ca. 50 g Semmelbrösel

Rindsuppe herstellen. Für die Einlage geschabte (oder faschierte) Leber mit erweichten, ausgedrückten und passierten Semmeln, der gerösteten Zwiebel, der fein gehackten Petersilie und allen übrigen Zutaten vermengen.
20 Minuten rasten lassen. Anschließend durch ein Spätz-
lesieb oder ein umgekehrtes Reibeisen portionsweise in
leicht gesalzenes Wasser drücken. Nach dem Aufsteigen
abschöpfen und in der Suppe servieren.

Milzschnittensuppe

*1½ l Rindsuppe (nach Rezept »Klare Suppe mit gebackenen
Semmelscheiben« auf S. 19)*
100 g Rindermilz
1½ EL Fett
1 kleine Zwiebel
1 Ei
Salz und Pfeffer

1 Prise Muskatnuss
1 Bund Petersilie
2 Semmeln
Öl zum Herausbacken

Rindsuppe herstellen. Für die Einlage die Milz auf einem feuchten Brett mit dem Messerrücken ausstreifen (oder einfach faschieren), mit in Fett gerösteter Zwiebel, dem verquirlten Ei, den Gewürzen und der klein gehackten Petersilie vermischen. Masse anschließend auf dünn geschnittene Semmeln streichen und mit der bestrichenen Seite nach unten in viel heißem Fett backen.

Südtiroler Weinsuppe

¾ l Rindsuppe (nach Rezept »Klare Suppe mit gebackenen Semmelscheiben« auf S. 19)
¾ l Weißwein
3 Dotter
250 g Obers
Salz
1 Msp. Zimt
4 EL Schwarzbrotwürfel
2 EL Butter
Zimt zum Bestreuen

Die Suppe mit dem Weißwein einmal aufkochen lassen und von der Herdplatte nehmen. Dotter und Obers versprudeln, rasch in die Suppe einrühren und alles zu cremiger Konsistenz schlagen. Mit Salz und Zimt würzen. Schwarzbrotwürfel in Butter anrösten und in die Suppe geben. Vor dem Servieren noch eine Prise Zimt darüber streuen.

Alpbacher Biersuppe

3 EL Butter
3 EL Mehl
¾ l Milch
½ Zimtrinde
2 Gewürznelken
1 Msp. Zucker
Salz
2 Dotter
½ l Bier
1 EL Obers

In die zerlassene Butter das Mehl einrühren, mit Milch aufgießen, Gewürze dazugeben und unter Rühren circa 15 Minuten köcheln lassen. Zimtrinde und Nelken entfernen. Dotter, Bier und Obers versprudeln und in die Suppe einrühren. Einmal aufkochen lassen, vom Feuer nehmen und kurz noch weiterrühren. Anschließend sofort servieren.

JAUSEN/
MARENDEN

Freust du dich bei einer Bergtour auch schon
von Anfang an auf die Pause?
Dann sitzt man in dieser phantastischen
Alpenwelt an einer Hütte, genießt den
wunderschönen Ausblick und eine
zünftige Jause. In der guten Luft schmeckt's
immer ganz besonders. Aber auch für zu Hause
sind die folgenden Rezepte natürlich bestens
geeignet ...

Bauernbrot

300 g Weizenmehl
600 g Roggenmehl
40 g Germ
3 TL Salz
ca. 400 ml lauwarmes Wasser
1 TL Kümmel
1 TL Anis
1 TL Koriander
2 TL Leinsamen
2 TL Sonnenblumenkerne

Aus allen Zutaten einen Germteig (nach Rezept »Mohn-strudel« auf S.126) herstellen. Wecken formen und rasten lassen. Anschließend die Wecken mit lauwarmem Wasser bestreichen, an der Teigoberseite mit der Gabel Muster einritzen. Bei 180 °C circa 1 Stunde backen.

Tiroler Brettljause

Pro Person circa 100 bis 200 g sehr dünn geschnittenen Tiroler Speck, ein Hauswürstchen und ein Stück Käse auf einem Schneidbrett anrichten und mit süßsauren Essig-gurken, Tomaten und Paprikasalat als Garnitur servieren.

»Oh senorita, i bin koa Torero,
i bin der Anton, der Anton aus Tirol.
I leb nur für amor und te quiero,
oh senorita, bei mir fühlst di wohl.«

Speckbrettl

Der Obstler »danach« ist kein absolutes Muss,
rundet den Genuss aber wunderbar ab!

Pro Person circa 200 g dünn geschnittenen Speck auf einem Teller anrichten und mit frisch gerissenem Kren servieren. Mitunter wird dazu ein Obstler gereicht.

Würstl mit Senf und Kren

Pro Person ein Paar Frankfurter Würstchen, ein Hauswürstchen oder eine gebratene Knackwurst auf einem Teller anrichten und mit Senf und frisch gerissenem Kren servieren.

Marende-Teller

200 g Graukäse
200 g Bergkäse
4 geselchte Hauswürste
4 Scheiben Haussulze
200 g Speck
200 g Beinschinken
Kren nach Bedarf (frisch gerissen oder aus dem Glas)
4 EL Zwiebelringe
Fett zum Anrösten
süßsaure Essiggurkerln nach Bedarf
4 Tomaten

Alle Zutaten dünn schneiden und auf einem Teller anrichten. Zwiebelringe anrösten. Den Graukäse mit gerösteten Zwiebelringen belegen und die Wurst mit Gurkerln und Tomaten garnieren.

Dazu reicht man hausgemachtes Bauernbrot.

Südtiroler Marende

200 g geschnittenes Rindsgeselchtes
200 g Bauernspeck
4 Kaminwurzen
Knoblauchbutter nach Bedarf
Kren nach Bedarf (frisch gerissen oder aus dem Glas)
Schüttelbrot nach Bedarf

Alle Zutaten auf einem Teller anrichten und mit Schüttelbrot servieren.

Hauswürste

1 kg Fleisch (Rind und Schwein gemischt im Verhältnis 1:2)
1 TL Neugewürzpulver
1 Msp. Pfeffer
1 TL Majoran
2 Knoblauchzehen
Salz
½ TL Koriander
Wursthäute

Fleisch würfelig schneiden, mit Neugewürz, Pfeffer, Majoran, grob gehacktem Knoblauch, Salz und Koriander würzen. Über Nacht stehen lassen, am nächsten Tag mit dem Fleischwolf faschieren und in die Wursthäute füllen.

Zillertaler Kas

250 g Mehl
½ l Milch
1 Ei
1 Prise Salz
Für die Füllung
3–4 große Kartoffeln
200 g Graukas
1 fein gehackte Zwiebel
1 EL fein geschnittener Schnittlauch
Salz
Pfeffer
Butter zum Herausbacken

Mehl und Milch zu einem flüssigen Teig verrühren, das Ei beifügen und salzen.

Für die Füllung die Kartoffeln kochen, schälen und passieren. Den Graukas reiben und zu den Kartoffeln geben. Zwiebel und Schnittlauch beifügen, mit Salz und Pfeffer würzen und verkneten.

Butter in einer Bratpfanne zergehen lassen, Teig einfüllen und unter ständigem Rühren stocken lassen. Teig wenden, auf der anderen Seite goldgelb backen und mit der Kartoffel-Graukas-Masse füllen. Mit grünem Salat servieren.

»Sie hot so an Sexappeal
dass olles in mir zuckt
›bleib cool - oh Boyk - sagt mei Üerstand,
doch's Herz schlogt wie verruckt!«

Graukas

*Einfach und gut – der Graukas ist ideal im Sommer,
wenn's richtig heiß ist. Zusammen mit einem
erfrischenden Glas g'spritzten Apfelsaft ist das ein
starkes Abendessen*

ca. 500 g Graukas
2 mittelgroße Zwiebeln
2 EL Essig
5 EL Öl
2 EL Wasser für die Marinade
Den Graukas in Scheiben auf Teller legen, in Ringe geschnittene Zwiebeln darüber streuen, mit einer Marinade aus Essig und Öl und Wasser übergießen.
Mit Schwarzbrot servieren.

Gebackener Emmentaler

70 g Emmentaler
50 g Mehl
2–3 Eier
Salz
50 g Brösel
1 Bund Petersilie
Öl zum Herausbacken
1 Zitrone
Gut gekühlten Emmentaler in fingerdicke Scheiben schneiden, in Mehl, verquirlten, gesalzenen Eiern und Brösel wenden. Petersilienblätter abzupfen, mit Mehl bestauben. Die panierten Käsescheiben in heißem Öl goldbraun backen. Aus der Pfanne heben und abtropfen lassen.

Petersilienblätter sehr kurz in heißem Öl schwimmend backen. Käsescheiben auf Tellern anrichten, mit Petersilienblättern und Zitronenscheiben garniert servieren

Haussulze

1 Schweinskopf
1 Paar Schweinshaxen
1 Zwiebel
Wurzelwerk (1 Stange Lauch, 1 Petersilienwurzel, 1 Karotte, ¼ Sellerieknolle)
4 Pfefferkörner
4 Neugewürzkörner
2 Lorbeerblätter
½ TL Thymian
2 TL Majoran
½ TL Liebstöckel
1 Bund Petersilie
Salz
1 EL Weinessig

Schweinskopf und Schweinshaxen mit Zwiebel, Wurzelwerk, Gewürzen und Petersilie in so viel Wasser, dass alles gerade bedeckt ist, in mindestens 1 ½ Stunden weich kochen.

Kopf und Füße zusammen mit Petersilie und Lorbeerblättern herausnehmen, Sud abgießen und das Ganze etwas abkühlen lassen.

Fleisch von den Knochen lösen und in feine Würfel schneiden. Auch das Gemüse würfelig schneiden. Alles in eine Sulzform (= längliche Kastenform) geben, mit dem Sud übergießen und einen Tag lang im Kühlschrank stocken lassen.

Gefüllte Eier

12 Eier
100 g Butter
1 Bund Petersilie
Salz und Pfeffer
evtl. 1 Prise Curry
1 Spritzer Zitronensaft
Blätter von grünem Salat

Hart gekochte Eier der Länge nach halbieren. Die Dotter herausnehmen, basieren und mit der flaumig gerührten Butter, der gehackten Petersilie und den Gewürzen vermischen. Anschließend die Fülle mit einer Spritztülle in die Eihälften spritzen.
Auf grünem Salat anrichten.

Schinkenrolle mit Gervais

300 g Gervais
1 EL geschnittener Schnittlauch
Salz und ganz wenig Pfeffer
½ EL gehackte Petersilie
1 Prise Kümmelpulver
evtl. Kapern
12 Scheiben Schinken

Gervais mit einer Gabel weich drücken und mit den restlichen Zutaten vermischen. Portionsweise auf jeweils eine Schinkenscheibe setzen und einrollen.

Italienischer Salat

ca. 200 g Mayonnaise
100 g Erbsen (Tiefkühlpackung)
200 g Kartoffeln
150 g Karotten
1 Apfel
1 große süßsaure Essiggurke
200 g Extrawurst
Salz und Pfeffer
1 Spritzer Zitronensaft

Mayonnaise mit gekochtem und geschnittenem Gemüse und Apfel, Essiggurke und Extrawurst vorsichtig vermischen. Mit Salz und Pfeffer und Zitronensaft abschmecken

VERSCHIEDENE BROTAUFSTRICHE

Eiaufstrich

Das macht satt und stark – und ist im Handumdrehen zubereitet. Super nach einer anstrengenden Arbeit oder vor einem partyintensiven Abend!

5 Eier
150 g Butter
½ Bund Petersilie
Zitronensaft
Salz und Pfeffer

Eier nicht ganz hart kochen und in kleine Stücke schneiden. Butter flaumig rühren, mit gehackter Petersilie, Zitronensaft, Salz und Pfeffer verrühren und mit den zerdrückten Eiern mischen.

Käseaufstrich

80 g Butter
80 g Emmentaler
80 g Extrawurst
1 süßsaure Essiggurke
½ TL gehackte Zwiebel
Salz und Pfeffer
Senf

Alle Zutaten sehr fein schneiden und gut miteinander vermischen.

Liptauer

1 kleine Zwiebel
1 Bund Schnittlauch
2 TL Kapern
50 g Butter
250 g Topfen (mager)
1 TL Kümmel
Salz und Pfeffer
½ zerdrückte Knoblauchzehe
1 TL Paprika
1 TL Senf
1–2 EL Sauerrahm

Zwiebel, Schnittlauch und Kapern klein schneiden, aus Butter und Topfen einen Abtrieb herstellen. Alle Zutaten vermischen und würzen.

HAUPTSPEISEN

In Tirol wird's auch bei den Hauptspeisen nie langweilig: Entweder liebt man's richtig deftig mit Fleisch, Wild, Geflügel oder man entscheidet sich für die fleischlose Variante, die nicht minder zünftig sein muss. Und dann gibt es ja noch die köstlichen Mehlspeisen in jeder Form und Farbe ... Nachfolgend findest du deshalb eine Vielzahl an Rezepten für wirklich jeden Geschmack!

GERICHTE MIT FLEISCH, GEFLÜGEL, WILD UND FISCH

Tiroler Rostbraten

4 Scheiben Rostbraten
2 EL Öl
Salz und Pfeffer
50 g Mehl
Butter zum Abbraten
Wasser zum Aufgießen
4 Zwiebeln
3 EL Butter
100 g Speck

Die fettige Hautschicht des Fleisches entweder abziehen oder einschneiden, die Fleischscheiben mit Öl einreiben und bis zur Verwendung beiseite legen. Mit Salz und Pfeffer würzen und auf einer Seite in Mehl tauchen, auf beiden Seiten braten (bemehlte Seite zuerst). Mit Wasser aufgießen und einmal aufkochen lassen.

Zwiebeln in feine Ringe schneiden und in heißer Butter goldgelb rösten. Speck in kleine Würfel schneiden, beifügen und ebenfalls kurz anbraten. Alles über das Fleisch streuen.

»Wo der Handschlag noch zählt,
do fühl i mi dahoam,
und des Eis uns'rer Welt
schmilzt dahin im Sonnenschein.«

Zwiebelrostbraten

ca. 4 Scheiben Rostbraten
2 EL Öl
Salz und Pfeffer
3 EL Mehl
Fett zum Abbraten
3–4 mittelgroße Zwiebeln
3 EL Butter

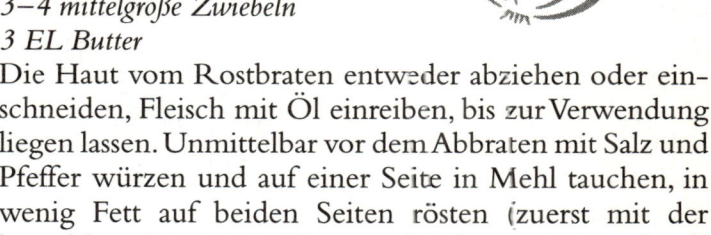

Die Haut vom Rostbraten entweder abziehen oder einschneiden, Fleisch mit Öl einreiben, bis zur Verwendung
liegen lassen. Unmittelbar vor dem Abbraten mit Salz und
Pfeffer würzen und auf einer Seite in Mehl tauchen, in
wenig Fett auf beiden Seiten rösten (zuerst mit der
bemehlten Seite). Mit Wasser aufgießen und einmal aufkochen lassen.

Zwiebeln in feine Ringe schneiden, in heißer Butter
goldbraun rösten, über das Fleisch streuen.

Tiroler Rindsbraten

100 g durchzogener Bauchspeck
1½ kg Rindfleisch (Beiried)
Salz und Pfeffer
4 EL Öl
200 g Wurzelwerk (Karotte, Sellerie, Petersilienwurzel, Lauch)
1 Zwiebel
500 g zerkleinerte Kalbsknochen
5 Pfefferkörner
5 Neugewürzkörner
1 Prise Thymian
1 Lorbeerblatt

¼ l Rotwein
1 Spritzer Zitronensaft
1 Kräuterbündel (Kerbel, Liebstöckel, Salbei, Bohnenkraut,
Petersilie)
1 EL Mehl
125 g Sauerrahm

Speck in Streifen schneiden. Braten mit dem Speck spicken, salzen und pfeffern, in heißem Fett mit dem geschnittenem Wurzelwerk, fein geschnittener Zwiebel und Knochen auf allen Seiten anbraten. Mit wenig Wasser aufgießen. Gewürze und Kräuter dazugeben und unter öfterem Begießen im Rohr bei circa 180 °C garen. Gegen Ende der Garzeit Rotwein zugießen, Zitronensaft hineinträufeln, Kräuterbündel hineingeben.

Zuletzt wird der Saft mit dem in kaltem Wasser verrührten Mehl gebunden und mit Sauerrahm verfeinert.

Rindsrouladen

Achtet drauf, dass die Füllung eurer Rouladen wirklich vollständig ist! Wieder aufwickeln ist nicht so witzig …

4 Rindsschnitzel
Salz und Pfeffer aus der Mühle
2 EL Wurzelwerk
100 g Frühlingsspeck
50 g Essiggurken
2 EL Öl
1 kleine Zwiebel
2 EL Mehl
125 g Sauerrahm
1 TL Senf

Rindsschnitzel klopfen, Ränder einschneiden und salzen und pfeffern. Wurzelwerk, Speck und Gurken fein schneiden, Fleisch damit belegen, einrollen und mit Zahnstochern oder Spagat befestigen. In Öl anbraten und aus der Pfanne heben. Im Bratenrückstand die fein gehackte Zwiebel anrösten, mit Mehl stauben, aufgießen und Bratenrückstände im Wasser lösen. Rouladen in den Sud legen und zugedeckt weich dünsten. Mit Sauerrahm verbessern und mit Salz, Pfeffer und Senf abschmecken. Zahnstocher bzw. Spagat entfernen und mit Erdäpfelpüree (nach Rezept auf S. 104 servieren.

Rindsschnitzel

4 Rindsschnitzel
Salz und Pfeffer
3 EL Mehl
2–3 EL Öl
1 kleine Zwiebel
evtl. Bratensaftwürfel zum Abschmecken
Schnitzel am Rand einschneiden, leicht klopfen, auf beiden Seiten salzen und pfeffern. Auf einer Seite in Mehl tauchen und mit der bemehlten Seite sofort in heißes Fett geben und auf beiden Seiten goldgelb anbraten. Die Zwiebel in feine Ringe schneiden, zum Fleisch geben und mitdünsten lassen. Nach Bedarf mit Bratensaftwürfel nachwürzen.
Am Schluss die Schnitzel herausnehmen, die Röstprodukte aufgießen und die Schnitzel mit Nudeln als Beilage und Salat servieren.

Rindsgeschnetzeltes

70 g weißer Speck
80 g Butter
1½ kg Ochsenfleisch von der Schulter
Salz und Pfeffer
⅛ l Weißwein
1 EL Petersilie
ca. 1½ EL Tomatenmark oder Ketchup

Speck in kleine Würfel schneiden, in Butter ganz leicht anrösten. Das in Scheiben geschnittene Fleisch kurz mitrösten, mit sehr wenig Wasser aufgießen. Salz, Pfeffer und Wein beifügen und weich dünsten. Zum Schluss die mit Wasser benetzte, klein gehackte Petersilie und das Tomatenmark dazugeben.

Osttiroler Hirtengulasch

500 g Rindfleisch
Salz und Pfeffer
Mehl
50 g Fett
4 große Zwiebeln
Rindsuppe zum Aufgießen
1 EL Tomatenmark
Sauerkraut

Rindfleisch in Würfel schneiden, mit Salz und Pfeffer würzen und in Mehl wenden. In heißem Fett die fein gehackten Zwiebeln anrösten, Fleisch mitbraten, mit Rindsuppe aufgießen und circa 1 Stunde schwach köcheln lassen. Tomatenmark und Sauerkraut dazumischen und noch circa 30 Minuten weiter dünsten lassen.

Majoranfleisch

60 g Butter
3 mittelgroße Zwiebeln
1 kg Ochsenfleisch (Schulter, Wadschinken)
Salz und Pfeffer
1 EL Majoran
1 EL Mehl
125 g Sauerrahm

In heißer Butter klein gehackte Zwiebeln anrösten, würfelig geschnittenes Fleisch mitrösten, aufgießen und mit Salz, Pfeffer und Majoran würzen. Anschließend weich dünsten. Mehl in ganz wenig Wasser verrühren und in das kochende Fleischgericht einrühren, circa 20 Minuten weiter köcheln lassen. Am Schluss den Sauerrahm beifügen.

Kapuzinerfleisch

1 Kalbsniere
4 Scheiben Kalbsnierenbraten
Salz und Pfeffer
1 TL Basilikum
4 EL Öl
¼ l Weißwein
250 g Fisolen
100 g Speckscheiben
1 Knoblauchzehe
Rindsuppe zum Aufgießen

Kalbsniere in Scheiben schneiden, Nierenscheiben am besten mit Zahnstochern auf dem Bratenfleisch feststecken, salzen, pfeffern, mit Basilikum einreiben und beidseitig anbraten. Bratenrückstand mit Weißwein ablöschen,

Fleisch hineinlegen und Fisolen dazugeben. Speckscheiben darüber legen, mit Knoblauch würzen und mit Suppe aufgießen. Dünsten, bis das Fleisch weich ist.

Man reicht am besten Erdäpfelpüree (nach Rezept auf S. 104) dazu.

Geröstete Leber

1 kg Kalbs- oder Schweinsleber
100 g Fett
1 Zwiebel
2 EL Mehl
½ TL Majoran
Pfeffer
½ Bund Petersilie
Salz

Leber häuten und würfelig schneiden. In heißem Fett die fein geschnittene Zwiebel anrösten, Leberwürfel dazugeben und mitrösten, bis sie grau werden. Mit Mehl stauben und aufgießen. Majoran, Pfeffer und gehackte Petersilie beifügen und kurz vor dem Servieren salzen.

Leberknödel

5 altbackene Semmeln (etwa 300 g trockenes Weißbrot)
ca. ⅛ l Milch
3 Eier
1 Zwiebel
50 g Butter
250 g faschierte Leber
Salz und Pfeffer
1 Prise Neugewürzpulver
2 kleine Knoblauchzehen
½ TL Majoran
1 Bund Schnittlauch oder Petersilie
4–5 EL Mehl
1 ½ l Suppe

Semmeln würfelig schneiden, Milch und Eier versprudeln und über die Semmelwürfel gießen, vermischen und ziehen lassen. Fein gehackte Zwiebel in zerlassener Butter anrösten und zur Semmelmasse geben. Die faschierte Leber mit den Gewürzen und Kräutern vermischen und ebenfalls zur Semmelmasse mischen. Mit Mehl binden. Mit nassen Händen Knödel formen und in leicht wallendem Wasser circa 20 Minuten kochen.

Den ersten Knödel serviert man mit Suppe, alle weiteren mit Beilagen – hervorragend passen Sauerkraut (nach Rezept auf S. 113 oder grüner Salat dazu.

»Wippe ich mit dem Gesäß,
schrei'n die Hasen S.O.S.«

Kümmelkotelett

4 schöne Kalbskoteletts
Salz und Pfeffer
1 TL Kümmel
1 Prise Paprika
1 EL Mehl
2 EL Butter
Wasser oder Rindsuppe zum Aufgießen
2 EL Sauerrahm zum Verfeinern

Die Koteletts mit Salz, Pfeffer, Kümmel und Paprika
würzen, leicht mit Mehl bestäuben und in der Butter auf
beiden Seiten anbraten. Koteletts herausnehmen, Röstprodukte mit Wasser oder Suppe aufgießen und auflösen
und eventuell mit 2 Esslöffel Sauerrahm binden.
Dazu passen ausgezeichnet Bratkartoffeln.

Beuschel

700 g Kalbslunge
½ Kalbsherz
2 EL Weinessig
½ Zwiebel
1 Karotte
¼ Sellerieknolle
1 Petersilienwurzel
1 Lorbeerblatt
3 Pfefferkörner
½ TL Thymian
Salz
Für die Sauce
3 EL Fett

1 kleine Zwiebel
1 Msp. Zucker
3 EL Mehl
1 Essiggurke
1 EL Weinessig
1 TL Zitronensaft
Salz
½ TL Thymian
1 TL Senf
4 EL Rotwein
125 g Sauerrahm
½ Bund Petersilie

Von der Lunge Speiseröhre und Luftröhre entfernen und zusammen mit dem Herz, Essig, dem Wurzelwerk, den Gewürzen und Kräutern in Salzwasser circa 1 Stunde weich kochen. Kalt stellen.

Herz und Lunge aus dem Sud nehmen und fein nudelig schneiden, den Sud abseihen.

In heißem Fett die fein gehackte Zwiebel anrösten, Zucker kurz mitrösten, mit Mehl stauben und mit dem Sud aufgießen. Glatt rühren, aufkochen und auf kleiner Flamme circa 25 Minuten köcheln lassen.

Beuschel, klein geschnittene Gurke, Essig, Zitronensaft, Salz, Thymian und Senf dazugeben, nochmals ziehen lassen und am Schluss mit Wein und Sauerrahm verbessern. Mit gehackter Petersilie bestreut servieren.

»Blaue Pille, Sellerie –
des braucht so a Anton niel«

Bauernbratl

4 Schweinskoteletten (oder 1 kg Schweinsrippen)
Salz
Kümmel
Rosmarin
ein paar Tropfen Öl
etwas Mehl
4 EL Fett
700 g Erdäpfel

Fleisch mit den Gewürzen und Rosmarin einreiben, mit ein paar Tropfen Öl beträufeln und kurz ziehen lassen. Auf einer Seite in Mehl tauchen und mit dieser Seite in das heiße Fett geben. Auf beiden Seiten anbraten, aufgießen und dünsten lassen. Wenn das Fleisch halb weich ist, legt man die geschälten und geviertelten Erdäpfel auf das Fleisch und lässt alles zugedeckt fertig garen. Eventuell noch einmal salzen.

Als Beilagen serviert man grünen Salat oder Speckkraut (nach Rezept auf S. 110) mit Preiselbeeren.

Gefüllter Schweinsbauch

1 kg Bauchfleisch mit Schwarte
4 Semmeln
Salz
Petersilie oder Schnittlauch
Pfeffer
2 Eier
1 TL Milch
evtl. 50 g fein geschnittene Steinpilze (frisch oder getrocknet)
2 EL Butterflocken

Bauchfleisch unterhalb der Schwarte einschneiden. Semmeln in kleine Würfel schneiden, mit den restlichen Zutaten (außer den Butterflocken) vermischen und das Bauchfleisch damit füllen. Die Öffnung mit Spagat zunähen oder mit Zahnstochern verschließen.

Das Fleisch auf der Oberseite mit Butterflocken belegen und unter Zugabe von wenig Wasser im eigenen Fett im Backrohr mindestens 1¼ Stunden braten.

»Da ‚Bratwurst-Hans' singt a schon mit - i glaub i hob an Sommerhit!«

Jägerfleisch

120 g durchzogener, würfelig geschnittener Speck
1–2 EL Öl
4 Scheiben Lungenbraten
Salz und Pfeffer
etwas Mehl
Rindsuppe zum Aufgießen
1 Lorbeerblatt
70 ml Rotwein
125 g Sauerrahm
½ Bund Petersilie
200 g Steinpilze
2 EL Butter

Den Speck in heißem Öl anrösten und beiseite legen. Die Scheiben Lungenbraten mit Salz und Pfeffer würzen, in

Mehl tauchen und im heißen Öl beidseitig anbraten. Mit Suppe aufgießen, Lorbeerblatt beifügen und zugedeckt circa 15 Minuten dünsten lassen. Die Bratenstücke herausnehmen, die Röstprodukte mit einem Kochlöffel von der Pfanne lösen, mit Wein und Sauerrahm verfeinern. Am Schluss mit Petersilie bestreuen.

Pilze putzen und in zerlassener Butter anrösten, mit Salz und Pfeffer würzen und so lange rösten, bis die Flüssigkeit fast verdampft ist. Auf das Fleisch geben.

Gulasch

1 kg Fleisch (Rindfleisch, Kalbfleisch oder Schweinefleisch)
2–3 EL Schweineschmalz
1 kg Zwiebeln (bei Schweinefleisch nur ca. 300 g Zwiebeln)
1 TL Paprika
1 TL Essig
Salz
Kümmel
Majoran
evtl. Mehl zum Binden
125 g Sauerrahm

Fleisch würfelig schneiden (2–3 cm Kantenlänge). In heißem Fett die gehackten Zwiebeln goldgelb rösten. Topf von der Herdplatte nehmen und unter Rühren Paprika dazugeben. Sogleich mit Essig löschen. Fleisch dazugeben, Gewürze und Kräuter beifügen und alles gut anrösten. Im eigenen Saft schmoren lassen. Bei Bedarf mit Mehl binden, aufgießen und das Fleisch weich kochen. Anschließend die Sauce passieren und mit Sauerrahm verfeinern.

Schweinsbraten

*Es geht doch nix über einen
richtig guten Schweinsbraten –
mit Knödeln versteht sich …*

ca. 1½ kg Schweinsbraten
Salz und Pfeffer
2 Knoblauchzehen
1 TL Kümmel
1 TL Rosmarien
3 EL Butter
1 Zwiebel
Wasser zum Aufgießen
evtl. 1 TL Mehl zum Binden

Fleisch mit Gewürzen einreiben, im heißen Fett rundherum anrösten. Halbierte Zwiebel und etwas Wasser dazugeben, im Rohr unter häufigem Aufgießen weich braten. Fleisch dann quer zur Faser schneiden (1 cm dick),
vor dem Schneiden 10 Minuten abkühlen lassen.

Für eine Natursauce das Fett abschöpfen, die Röstprodukte vorsichtig mit wenig Wasser auflösen, 1 Teelöffel
Mehl in Wasser glatt rühren, in die Sauce einrühren und
kurz aufkochen lassen. Vor dem Servieren noch einmal
abschmecken.

Als Beilagen eignen sich hervorragend Semmelknödel
(nach Rezept auf S. 103), Servietten- oder Erdäpfelknö-
del, Krautsalat (nach Rezept auf S. 114), Speck- oder Sauerkraut (nach Rezepten auf S. 110 und 113), Salzerdäpfel
und Spätzle (nach Rezept auf S. 102).

Tiroler Leber

6 Schnitzel Kalbsleber (teuer), junge Rindsleber oder
Schweinsleber (hat aber scharfen Lebergeschmack)
Pfeffer
2 EL Mehl
3 EL Butter
1 kleine Zwiebel
½ TL Mehl
Wasser oder Rindsuppe zum Aufgießen
1 Spritzer Weißwein
1 EL gehackte Kapern
ca. 125 g Sauerrahm
Salz

Leber leicht mit Pfeffer bestreuen, in Mehl wälzen, in heißer Butter auf beiden Seiten gut abbraten, herausnehmen. Klein gehackte Zwiebel im restlichen Fett anrösten, mit Mehl stauben, mit Wasser oder Suppe und Wein aufgießen, gehackte Kapern dazugeben, würzen und verkochen lassen. Mit Rahm verfeinern. Leber wieder hineinlegen und noch einmal erhitzen. Erst vor dem Servieren salzen.

»Hey Hey Mad'l - I can see,
du bist a Sünde wert.
Hey Hey Mad'l - you and me -,
des war do ned verkehrt.«

Selchfleisch mit Sauerkraut

1 kg Selchfleisch
1 kg Sauerkraut (nach Rezept auf S. 113)
Selchfleisch in einem hohen Topf weich kochen. Während des Kochens das Fleisch nicht anstechen und nicht zu lange kochen lassen, damit es nicht trocken wird. Vor dem Anschneiden circa 10 Minuten im heißen Wasser ziehen lassen.
Mit Sauerkraut und Salzkartoffeln servieren.

Tiroler Bauernschmaus

50 g Butter
60 g durchzogener Bauchspeck
1 große Zwiebel
1 EL Mehl
$^{1}/_{4}-^{3}/_{8}$ l kaltes Wasser
400 g Sauerkraut
Wacholderbeeren
Salz
1 Lorbeerblatt
½ TL Kümmel
4 Stück Schweinskarree
2 Knoblauchzehen
500 g Rollschinken oder Selchschopf
4 kleine Würstchen
3 Erdäpfel
Tiroler Knödel oder Semmelknödel (nach Rezepten auf S. 55 und 103)

Butter schmelzen, würfelig geschnittenen Bauchspeck und würfelig geschnittene Zwiebel anrösten, mit Mehl binden und mit kaltem Wasser aufgießen. Sauerkraut waschen und mit den Wacholderbeeren, Salz, Lorbeerblatt und einer Prise Kümmel dazugeben und köcheln lassen, bis das Sauerkraut weich ist.

Schweinskarree mit Salz, zerdrückten Knoblauchzehen und Kümmel einreiben und beidseitig in heißem Fett anbraten. Rollschinken und Würstchen weich kochen. Erdäpfel schälen, in kleine Stücke schneiden und in Salzwasser weich kochen.

In der Zwischenzeit die Knödel zubereiten. Fleisch, Würstchen und Beilagen auf Tellern anrichten und servieren.

Tiroler Gröstl

1 große Zwiebel
2 EL Öl
300 g Fleischreste
1 Spritzer Essig
½ TL Majoran
1 Knoblauchzehe
Salz und Pfeffer
1½ kg Erdäpfel vom Vortag

Zwiebel anrösten, Fleischreste beigeben, mit etwas Essig ablöschen, mit Majoran, zerdrücktem Knoblauch, Salz und Pfeffer würzen. In Scheiben geschnittene Erdäpfel darunter mischen und weiterrösten, bis das Gericht Farbe annimmt.

Mit grünem Salat oder Krautsalat servieren.

Tiroler Knödel

Knödel gehören in Tirol einfach dazu, egal ob Fleisch-
knödel oder Leberknödel. Die passen zu einer deftigen
Suppe oder man nimmt sie als köstliche Beilage.

10 altbackene Semmeln (oder fertige Semmelwürfel)
200 g Selchfleisch oder Knödelwurst
150 g Speck
80 g Mehl
100 g Butter
2 kleine Zwiebeln
1 Bund Schnittlauch
$^{1}/_{4}$–$^{3}/_{8}$ l Milch
2 Eier, Salz

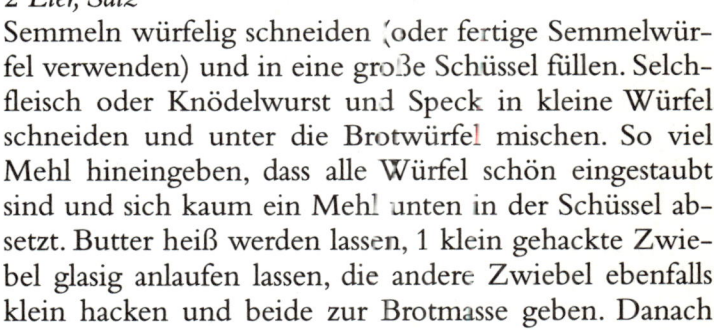

Semmeln würfelig schneiden (oder fertige Semmelwürfel verwenden) und in eine große Schüssel füllen. Selchfleisch oder Knödelwurst und Speck in kleine Würfel
schneiden und unter die Brotwürfel mischen. So viel
Mehl hineingeben, dass alle Würfel schön eingestaubt
sind und sich kaum ein Mehl unten in der Schüssel absetzt. Butter heiß werden lassen, 1 klein gehackte Zwiebel glasig anlaufen lassen, die andere Zwiebel ebenfalls
klein hacken und beide zur Brotmasse geben. Danach
Schnittlauch fein schneiden und beifügen.
Circa ¼ l Milch mit zwei Eiern und Salz versprudeln und
unter die Brotmasse mischen. Mit nassen Händen alles
gut durchmischen. Es soll so viel Milch beigemengt sein,
dass die ganze Masse durchfeuchtet ist. Mit nassen Händen Knödel formen und in leicht wallendes, gesalzenes
Wasser geben. Circa 20 Minuten kochen lassen.
Den ersten Knödel serviert man mit Suppe, alle weiteren
mit Beilagen, z. B. Linsen mit Speck oder grünem Salat.

Krautkrapfen

450 g Mehl
1 großes Ei
1 Prise Salz
lauwarmes Wasser
Für die Füllung
600 g Sauerkraut
120 g Speck (guter Bauchspeck)
Schmalz zum Herausbacken

Mehl auf das Backbrett geben, in eine Grube das versprudelte Ei und Salz hineingeben. Von innen nach außen das
Ei mit dem Mehl vermischen und dabei so viel lauwarmes Wasser einrühren, bis ein fester, aber noch knetbarer
Teig entsteht. Circa 30 Minuten rasten lassen. Während-
dessen Kraut in wenig Wasser dünsten. Speck klein würfeln, in einer heißen Pfanne ohne Fett bei mittlerer Hitze
anrösten und mit dem Kraut vermischen.
Teig dünn auswalken, in circa 10 mal 10 cm große Quadrate schneiden. Fülle auf die Quadrate geben, die Ecken
zusammenschlagen, die Ränder fest zusammendrücken
(bzw. mit Wasser zusammenkleben) und in schwimmen-
dem Fett ausbacken.

Bauernomelette

50 g fein gewürfelter Speck
1 große gekochte, fein gewürfelte Kartoffel
ca. 2 EL gekochte Erbsen
2 EL Butter
7 Eier
Salz und Pfeffer

Speck mit Kartoffelwürfeln und Erbsen in der Butter anrösten. Eier versprudeln, salzen und pfeffern und in die
Pfanne gießen. Unter Rühren stocken lassen, dann Omelette aus der Pfanne nehmen, einrollen und mit grünem
Salat servieren.

Zillertaler Fleischknödel

300 g Fleischreste
60 g Fett
2 kleine Zwiebel
250 g Knödelbrot
2 Eier
ca. ¼ l Milch
Salz
1 Bund Petersilie
evtl. 1 gekochter, zerdrückter Erdapfel
2–3 EL Mehl
Rindsuppe zum Kochen

Fleisch klein würfeln, Fett heiß werden lassen und die
fein geschnittenen Zwiebeln darin anrösten, Fleisch mitrösten. Alles mit dem Knödelbrot vermischen, Eier in
Milch verquirlen, salzen und gehackte Petersilie einmengen. Circa 30 Minuten ziehen lassen, dann erst zerdrückten Erdapfel und noch circa 3 Esslöffel Mehl darunter mischen. Knödel formen und in Suppe 20 Minuten leicht
wallend kochen.

»Girls, so an Typ wie mi',
den gab's noch nie.«

Erdäpfelgulasch

2 Zwiebeln
80 g Butter
50 g Speck
1½ kg Erdäpfel
150 g Braunschweiger oder Extrawurst
1 TL Paprika
1 EL Essig
1 Lorbeerblatt
½ TL Kümmel
Salz
1 Knoblauchzehe
evtl. 125 g Sauerrahm

Klein geschnittene Zwiebeln glasig anlaufen lassen, in Würfel geschnittenen Speck mitrösten. Rohe, in Würfel geschnittene Erdäpfel und klein geschnittene Wurst dazugeben, kurz mitrösten. Topf von der Platte nehmen, Paprika einrühren, sofort Essig dazugeben und gleich aufgießen. Alle restlichen Gewürze beifügen und kochen, bis die Erdäpfel gar sind. Zum Schluss nach Geschmack mit Rahm verfeinern.

Ofenplente

150 g Weizenmehl
100 g Vollkornmehl
½ l Milch
2 Eier
Salz
200 g Speck
1 EL Öl

Mehl, Milch, Eier und Salz zu einem eher festen Schmarrenteig verrühren. In einer Pfanne würfelig geschnittenen Speck anrösten und dazugeben. Im Backrohr bei hoher Temperatur ca. 30 Minuten quellen lassen.

Wurstschüsseln

200 g Gemüse nach Belieben (Karotten, Kohlrabi, Sellerie, Erbsen)
4 Eier
ca. 1 EL Butter
4 Scheiben fingerdicke Wurstscheiben (z. B. von Extrawurst)
ca. 80 g Schmalz oder Öl

Gemüse waschen, schälen, in kleine Würfel schneiden und dünsten. Die Eier in heißer Butter braten. Die Wurstscheiben (mit der Haut) ebenfalls in heißem Fett beidseitig sehr schnell anbraten, dass sie sich an den Rändern aufwölben und eine kleine Schüssel bilden. Mit dem gedünsteten Gemüse füllen und mit je 1 Spiegelei belegen. Mit frischem Schwarzbrot oder Röstkartoffeln servieren.

Fleischlaibchen

3 Semmeln
1 kg Faschiertes
1 Zwiebel
2 EL Butter
50 g durchzogener Speck
½ TL Majoran
1 Bund Petersilie
Salz und Pfeffer

2 Eier
Semmelbrösel nach Bedarf
Öl zum Herausbacken
Zitrone zum Garnieren
Petersilie zum Garnieren

Semmeln in kaltem Wasser einweichen, gut ausdrücken und passieren. Mit Fleisch, gerösteter Zwiebel, angebratenen Speckwürfeln, Kräutern, Gewürzen und Eiern vermischen. Masse glatt kneten, Laibchen formen, in Brösel wenden und in heißem Fett nicht zu rasch herausbacken. Mit Zitronenscheiben und gehackter Petersilie garniert servieren.

Faschierter Braten

3 Semmeln
1 kg Faschiertes
2 Zwiebeln
50 g durchzogener Speck
50 g Butter
½ TL Majoran
½ Bund Petersilie
Salz und Pfeffer
2 Eier
Semmelbrösel nach Bedarf
1 Karotte
1 Sellerieknolle
150 g Champignons
evtl. Mehl zum Binden

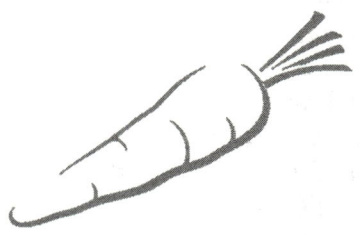

Semmeln in Wasser einweichen, gut ausdrücken, passieren und mit dem Faschierten mischen. 1 Zwiebel klein hacken und zusammen mit dem in kleine Würfel geschnittenen Speck in 2 Esslöffel Butter rösten. Dann mit den Kräutern und Gewürzen zur Semmel-Fleisch-Masse geben. Zum Schluss die Eier einmischen und alles sehr gut vermengen.

Aus der Masse einen Wecken formen, in Brösel drehen, entweder rundherum in der restlichen Butter anbraten oder mit sehr heißer Butter übergießen. Die restliche Zwiebel zusammen mit Karotte, Sellerie und Champignons fein hacken. Das Gemüse beifügen, alles mit wenig Wasser untergießen und bei 220 bis 250 °C im Backrohr circa 1 Stunde braten. Den Braten mit öfter mit der Sauce übergießen. Bei Bedarf die Sauce mit etwas Mehl binden.

Spaghetti bolognese

2 EL Öl
1 kleine Zwiebel
50 g Speck
2 EL fein geschnittenes Wurzelwerk (Karotten, Sellerieknolle, Lauch)
400 g Faschiertes
¼ l Saft von passierten Tomaten
1 Knoblauchzehe
Salz und Pfeffer
1–2 EL Tomatenmark
½ TL Oregano
Rindsuppe zum Aufgießen
500 g Spaghetti
Parmesan

Für die Sauce bolognese das Öl in einem Topf heiß werden lassen, Zwiebel darin glasig anschwitzen, klein gewürfelten Speck beifügen und mitrösten. Danach das

Wurzelwerk und das Faschierte dazugeben. Den Tomatensaft dazugießen. Mit Knoblauch, Salz und Pfeffer würzen, mit Tomatenmark und Oregano abschmecken und mit etwas Rindsuppe aufgießen. Circa 30 Minuten köcheln lassen.

Nudeln in reichlich Salzwasser bissfest kochen, mit je einem Schöpfer Sauce auf Tellern anrichten und mit Parmesan bestreut servieren.

Brathuhn in Weinsauce

8 Hühnerkeulen
Salz, Zucker
Paprika
Pfeffer
3 EL Butter
Für die Sauce
60 g durchzogener Speck
1 EL klein geschnittene Zwiebel
150 g Steinpilze (oder andere Pilze)
1 TL Tomatenmark
2 EL Wasser
2 EL Wein
evtl. Mehl zum Binden

Hühnerkeulen mit Salz, Zucker, Paprika und Pfeffer einreiben. Mit zerlassener Butter bestreichen, in eine nicht zu große Kasserolle mit 2 Esslöffel Wasser geben und im Backrohr weich braten. Dabei immer wieder aufgießen.

Für die Sauce klein geschnittenen Speck und Zwiebelwürfel anrösten, blättrig geschnittene Pilze mitrösten, Tomatenmark dazugeben und gleich mit Wasser und Wein aufgießen, eventuell zum Schluss mit Mehl binden.

Gefülltes Brathuhn

1 Brathuhn
2 EL Öl
Für die Fülle
80 g Knödelbrot
60 ml Milch und 60 ml Wasser
3 EL Butter
1 kleine, gehackte Zwiebel
120 g Pilze (Steinpilze, Eierschwammerln, Champignons)
1 Bund Petersilie
1 Ei
Salz
1 Prise Muskatnuss

Für die Fülle Knödelbrot in Wasser-Milch-Gemisch einweichen. In heißer Butter die Zwiebel anrösten, blättrig geschnittene Pilze mitrösten. Knödelbrot ausdrücken und mit der gerösteten Zwiebel, den Pilzen, der gehackten Petersilie und dem verquirlten Ei vermengen. Mit Salz und Muskatnuss würzen.

Anschließend das Huhn reinigen, innen und außen salzen, füllen und zunähen. Das Huhn dann mit der Brustseite nach unten in eine nicht zu große Kasserolle legen, mit Öl übergießen und in das heiße Backrohr stellen. Unter öfterem Begießen circa 1 Stunde goldgelb braten.

»Lass alle Buam im Regen stehn,
koana is so urig schön!«

Hendl im Rohr

*So ein Hendl ist ein leckeres, leichtes Gericht –
wenn man sich dazu nicht mit fettigen Pommes voll
stopft... Deshalb: lieber einen Salat dazu!*

*1 Huhn
ca. 3 EL Butter
Salz
Pfeffer
½ TL Paprika*

Huhn mit zerlassener Butter außen und innen bestreichen, mit Salz, Pfeffer und Paprika einreiben. In eine
nicht zu große Kasserolle geben und in das auf 180 bis
200 °C vorgewärmte Rohr stellen. Nach einer Viertel-
stunde Bratzeit umdrehen und unter häufigem Begießen
in circa 1 Stunde fertig braten.

Lamm

*1 kg Lammfleisch
Salz und Pfeffer
1 Msp. Kümmel
3 Knoblauchzehen
1 kleine Zwiebel
3 EL Öl
1 kleine Karotte
1 EL Mehl
¼ l Wasser oder Rindsuppe zum Aufgießen
je ½ TL Thymian und Rosmarin*

Das Lammfleisch schon am Vorabend mit Salz, Pfeffer,
Kümmel und zerdrücktem Knoblauch einreiben.

In einer Kasserolle fein gehackte Zwiebel in Öl anrösten, fein gewürfelte Karotte dazugeben und anschließend das Fleisch rundherum schön goldgelb anbraten. Fleisch herausnehmen. Sauce mit Mehl stauben, kurz anrösten, mit Wasser oder Suppe aufgießen und die Kräuter dazugeben. Fleisch dazugeben und unter häufigem Begießen weich dünsten, bis der Braten gar ist. Möglichst heiß servieren.

Als Beilagen eignen sich Salzkartoffeln und Krautsalat mit Speckwürfeln.

Hasenbraten

1 Hasenrücken
50 g Speckscheiben zum Spicken
Salz und Pfeffer
4 zerdrückte Wacholderbeeren
Wurzelwerk (1 Karotte, ¼ Sellerieknolle, 1 Stück Lauch,
1 Petersilienwurzel)
½ Zwiebel
50 g Fett
¼ l Rotwein
½ l Wasser (Fleischsuppe, Wildfond)
Saft von 1 Zitrone
4 Pfefferkörner
2 Gewürznelken
1 Lorbeerblatt
250 g Sauerrahm

Hasenrücken häuten, mit Speck spicken und mit Salz, Pfeffer und den zerdrückten Wacholderbeeren einreiben. Wurzelwerk und Zwiebel blättrig schneiden und in Fett anrösten. Den gespickten Hasen darüber legen und mit

Rotwein, Wasser (Fleischsuppe, Wildfond) und Zitronensaft aufgießen. Die restlichen Gewürze in den Sud legen und alles zusammen zugedeckt weich dünsten. (Man kann es auch im Backrohr circa 1 Stunde braten. Dabei aber immer wieder mit dem Sud übergießen.) Am Schluss den Sud abseihen und mit Sauerrahm verbessern. Mit Preiselbeeren und Knödel servieren.

»*Der Schnee von gestern san die Sorg'n*
von morg'n,
nur wenn i träum', dann bleib'n's
ma heut verborg'n.«

Hirschmedaillons

Für den Beizsud
¾ l Wasser
⅛ l Essig
1 kleine Zwiebel
½ Karotte
¼ Sellerieknolle
Salz
1 Lorbeerblatt
1 TL Thymian
je 5 zerdrückte Wacholderbeeren,
Pfefferkörner und 1 TL Rosmarin
Neugewürzkörner

⅛ l Rotwein
eventuell Wacholderschnaps
Für die Medaillons
8 Schnitzel Hirschfilet
Salz
Pfeffer
50 g Mehl
2 EL Öl
1 EL Rotwein
⅛–¼ l Wildfond oder Gemüsesud bzw. Sud aus
Kalbsknochen
1 Thymianzweig (oder ½ TL getrockneter Thymian)
3 zerdrückte Wacholderbeeren
2 Lorbeerblätter
1 Rosmarinzweig (oder ½ TL getrockneter Rosmarin)
1 EL Mehl
125 g Obers
1 Spritzer Zitronensaft
Preiselbeergelee nach Bedarf

Alle Zutaten für den Beizsud aufkochen, erkalten lassen und das Fleisch damit übergießen. Über Nacht stehen lassen. Dann das Fleisch herausnehmen, den Sud aufkochen und nach dem Erkalten wieder über das Fleisch gießen. Bis zur Verwendung im Sud ziehen lassen.

Fleisch klopfen, würzen, in Mehl wenden, auf beiden Seiten rasch in wenig Öl anbraten und beiseite legen. Röstprodukte mit Rotwein und Wildfond aufgießen. Restliche Gewürze und Kräuter beifügen und kurze Zeit kochen lassen. Anschließend das Fleisch hineinlegen und in der Sauce mehr ziehen als kochen lassen. Mehl mit wenig kaltem Wasser verrühren und in die Sauce mischen, zum Schluss mit Obers, Zitronensaft und Preiselbeeren nach Geschmack verfeinern.

Wildbraten

Für den Beizsud
2 EL Öl
2 Knoblauchzehen
1 große Zwiebel
Wurzelwerk (2 Möhren, ½ Sellerieknolle,
1 kleine Stange Lauch, 1 Petersilienwurzel)
Für den Braten
ca. 1½ kg Wildfleisch (Gämse, Reh, Hirsch)
Salz und Pfeffer
1 EL Öl
1½ El Mehl
⅛–¼ Rotwein
¼–½ l Wasser (oder Gemüsesud bzw. Sud aus Kalbsknochen
oder Wildfond)
3 zerdrückte Wacholderbeeren
3 Pfefferkörner
wenig Majoran
wenig Thymian
2 Lorbeerblätter
Schale von 1 unbehandelten Zitrone
250 g Sauerrahm

Am Vortag Fleisch von Häuten und Fett befreien, zum
Beizen in eine Schüssel mit Öl, zerdrücktem Knoblauch
klein geschnittener Zwiebel und Wurzelwerk legen und
über Nacht ziehen lassen.

Für die Zubereitung des Bratens Fleisch und Gemüse aus
der Schüssel nehmen und abtropfen lassen. Dann das
Fleisch mit Salz und Pfeffer einreiben und mit ganz wenig Öl in der Pfanne anbraten. Fleisch aus der Pfanne
nehmen, im Fleischsaft das Gemüse der Beize anbraten,
Mehl dazugeben und mit Rotwein und Wasser aufgie-

ßen. Gewürze, Kräuter und in Streifen geschnittene Zitronenschale dazugeben.

Fleisch in der Sauce circa 2 Stunden köcheln lassen. Danach noch einmal abschmecken, Sauce abseihen und mit Sauerrahm verfeinern.

Wildragout

1 kg Wildfleisch (Gämse, Reh, Hirsch, Junghase)
50 g Fett
1 kleine Zwiebel
30 g Speck
Wurzelwerk (½ Sellerieknolle, 1 kleine Stange Lauch,
1 Petersilienwurzel, 1 Karotte)
1 EL Essig
⅛ Rotwein
⅛ l Wasser (oder Gemüsesud bzw. Sud aus Kalbsknochen oder
Wildfond)
Salz
5 Pfefferkörner
5 Wacholderbeeren
½ TL Thymian
125 g Sauerrahm
Preiselbeergelee nach Bedarf
1 Spritzer Zitronensaft

Wild würfelig schneiden und in heißem Fett mit fein gehackter Zwiebel und Speckwürfeln anrösten. In Würfel geschnittenes Wurzelwerk beifügen, mit Essig, Rotwein und Wasser aufgießen, Gewürze und Kräuter zugeben und das Fleisch weich dünsten. Am Schluss mit Rahm, Preiselbeeren, Zitronensaft und eventuell noch etwas Rotwein abschmecken.

Wildschweinschlegel

1 kg Wildschweinschlegel
Wurzelwerk (½ Sellerieknolle, 1 kleine Stange Lauch,
1 Petersilienwurzel, 1 Karotte)
1 Zwiebel
Salz
5 Pfefferkörner
1 Lorbeerblatt
2–3 EL Preiselbeergelee
⅛–¼ l Rotwein

Das Fleisch gründlich mit warmem Wasser reinigen. In einen Topf legen und mit Wasser aufkochen, dann das Kochwasser abgießen und neues Wasser einfüllen. Wurzelwerk putzen und klein würfeln und zusammen mit der gehackten Zwiebel, Salz, Pfefferkörnern und Lorbeerblatt beigeben. Fleisch in dem Sud weich kochen, aus dem Topf nehmen, portionsweise auf Tellern anrichten, mit Wurzelwerk belegen. Den übrig gebliebenen Sud mit Preiselbeergelee versetzen, einkochen, mit Rotwein aufgießen und über das Fleisch ziehen.

Milchkitz

Schlögl und Schulter vom Kitz
Salz und Pfeffer
Mehl zum Wenden
150 g Butter
1 Zwiebel
1 Knoblauchzehe
⅛ l Weißwein
1 Spritzer Essig

1 TL Thymian
1 TL Rosmarin
250 g Obers
1 TL Mehl
1 Bund Petersilie

Fleisch mit den Knochen zerteilen, mit Salz und Pfeffer würzen, in Mehl wenden. In einem Topf Butter heiß werden lassen, Zwiebel und Knoblauch darin glasig anlaufen lassen und Fleisch zugeben. Kurz anbraten, mit Weißwein und Essig löschen, mit Thymian und Rosmarin würzen. Ungefähr 30 Minuten im Backofen garen lassen. Anschließend Fleisch herausnehmen, mit Obers verfeinern und mit etwas Mehl binden. Zum Schluss gehackte Petersilie beifügen. Fleisch auf Tellern anrichten und mit Polenta (nach Rezept auf S. 75) als Beilage servieren.

Gebratene Forelle

4 Forellen
Salz
Mehl
60 g Butter
gehackte Petersilie
½ TL Zitronensaft

Forellen vorsichtig ausnehmen, waschen, filetieren, salzen, in Mehl wenden und in heißer Butter circa 10 Minuten braten. Dabei die Fische öfters mit dem Bratensaft übergießen.

Die gebratenen Forellen auf Tellern anrichten, mit gehackter Petersilie bestreuen und mit jeweils ein paar Tropfen Zitronensaft beträufeln.

Bachforelle im Wurzelsud

1½ l Wasser
1 TL Essig
1 Bund Wurzelwerk (Karotten, Sellerie, Lauch, Petersilien-
stängel)
1 Zwiebel
Salz und Pfeffer
4 Forellen

Wasser zum Kochen bringen, Essig und geputztes, ge-schnittenes Wurzelgemüse sowie die gehackte Zwiebel beifügen und mit Salz und Pfeffer würzen. Nach unge-fähr 20 Minuten die Forellen einlegen und circa 15 Mi-nuten auf kleiner Flamme ziehen lassen. Der Sud darf nicht kochen. Anschließend Forellen herausheben und anrichten.
Mit Butter und Petersilienkartoffeln servieren.

Forellen nach Südtiroler Art

4 Forellen
Salz und schwarzer Pfeffer aus der Mühle
1 EL Mehl
½ l Weißwein
1 EL fein gehackte Zwiebel
150 g gekochte Karotten
100 g Champignons
1 EL Obers
1 EL geschnittener Schnittlauch
4 Salzerdäpfel für die Garnitur

Die geputzten Forellen halbieren, entgräten, mit Salz und Pfeffer würzen und mit Mehl bestäuben. Wein mit Zwiebelwürfeln, und in Scheiben geschnittenen Karotten und Champignons etwas einkochen lassen. Die Forellenfilets auf das Gemüse legen und mit Pfeffer würzen. Noch kurz dünsten lassen und am Schluss mit Obers binden. Mit Schnittlauch bestreut und mit Salzerdäpfeln garniert servieren.

»Starker Bua – von dir krieg i net g'nua!«

GERICHTE OHNE FLEISCH

Eierschwammerlgulasch

500 g Eierschwammerln
½ Zwiebel
2 EL Butter
Salz
Pfeffer
½ TL Paprikapulver
$^1/_8$–$^1/_4$ l Wasser
250 g Obers
½ Bund Petersilie

Schwammerln putzen und gleichmäßig klein schneiden. Zwiebel fein würfelig schneiden und in Butter glasig anlaufen lassen. Mit Salz und Pfeffer abschmecken. Paprizieren und circa 15 Minuten dünsten lassen. Mit Wasser aufgießen, Obers beifügen, etwas einkochen lassen und mit gehackter Petersilie bestreut servieren.

Schlipfkrapfen (auch: Schlutzkrapfen)

*Mittags beim Skifahren,
auf einer Hütte in der Sonne –
und dazu Schlutzkrapfen. Perfekt!*

500 g Weizenmehl
500 g Roggenmehl
1 Ei
1/8–1/4 l lauwarmes Wasser
Salz
For die Füllung
ca. 1,5 kg mehlige Kartoffeln
Salz
1 Bund Petersilie
1 große Zwiebel oder 1 Stange Lauch
1 EL Öl
evtl. 1 Knoblauchzehe und ½ TL Majoran
3–4 EL braune Butter
3–4 EL Parmesan
1 Bund Schnittlauch

Aus den beiden Mehlsorten, Ei, Salz und Wasser einen glatten Teig herstellen.

Kartoffeln kochen, schälen, noch warm pressen, salzen, gehackte Petersilie beifügen. Zwiebel oder Lauch sehr fein schneiden, in Öl andünsten und zur Kartoffelmasse geben. Je nach Geschmack mit etwas Knoblauch und Majoran würzen.

Auf einem Brett den Teig auswalken, Scheiben ausstechen, Kartoffelmasse darauf setzen und den Teig zu halbmondförmigen Taschen zusammenfügen. An den Rändern gut festdrücken.

In Salzwasser kochen, sobald die Krapfen aufsteigen, herausnehmen und auf Tellern anrichten. Mit brauner Butter übergießen und mit Parmesan und Schnittlauch bestreut servieren.

Polsterzipfe

400 g Mehl
60 g Butter
1 Ei
⅛ l Milch
Salz
Schmalz oder Öl zum Herausbacken

Mehl mit zerlassener Butter, Ei, Milch und Salz zu einem festen Teig kneten und zugedeckt mindestens 30 Minuten rasten lassen. Dünn auswalken, 7 mal 7 cm große Quadrate ausschneiden und in heißem Fett schwimmend herausbacken.

Mit Sauerkraut und Milch servieren.

Man kann die Polsterzipfe auch mit Staubzucker bestreuen und Kompott oder Marmelade dazu reichen.

Polenta

1½ EL Butter
½ l Wasser
Salz
250 g Maisgrieß

Butter in einem Topf zergehen lassen, kaltes Wasser dazugeben, salzen und aufkochen. In das kochende Wasser den Maisgrieß unter Rühren einrieseln lassen. Zudecken und circa 20 Minuten köcheln lassen, bis die Masse fest ist.

Pustertaler Kasnockn

250 g Käsereste (Camembert, Parmesan, Tilsiter etc.)
2 Eier
1 EL Mehl
1–2 EL Obers
Salz
1 Päckchen tiefgekühlter Blattspinat
1 Prise Muskatnuss
50 g Butter

Die klein geschnittenen Käsereste mit Eiern, Mehl, Obers und Salz vermischen und glatt rühren. Mittelgroße Nocken aus dem Teig formen, und in Salzwasser circa 20 Minuten leicht wallend kochen lassen. In der Zwischenzeit Spinat dünsten, mit Salz und Muskatnuss würzen. Nocken aus dem Wasser nehmen, auf gedünstetem Blattspinat anrichten und zum Schluss mit brauner Butter übergießen.

Erdäpfelwirrler

500 g gekochte Erdäpfel vom Vortag
1 Ei
Salz
Mehl
Butter zum Herausbacken

Erdäpfel durch die Presse drücken, mit Ei vermischen und salzen. So viel Mehl unterrühren, dass ein fester Teig entsteht und portionsweise in ausreichend Butter beidseitig herausbacken.
Mit Apfelmus servieren.

Tiroler Hoasna

Das Originalrezept von der Oma – besser geht's nicht!

2 große Kartoffeln
250 g Butter oder Margarine
¼ l Milch
Salz
750 g Mehl
Schmalz zum Herausbacken
1 kg Sauerkraut (nach Rezept auf S. 113)

Kartoffeln kochen, Butter oder Margarine in warmer Milch zergehen lassen. Die noch warmen, gepressten Kartoffeln salzen, dazugeben und mit dem Mehl zu einem festen Teig kneten. In einer Schüssel zugedeckt rasten lassen.

Teig auf einem Nudelbrett auswalken, Rechtecke ausstechen und in sehr heißem Fett herausbacken.

Mit Sauerkraut servieren.

Kasknödel aus Erdäpfelteig

750 g Erdäpfel
150 g Mehl
150 g Topfen
Salz
1 Bund Schnittlauch
2 EL Butter
1 Zwiebel
Butterschmalz zum Braten

Erdäpfel kochen, schälen, passieren und in einer Schüssel mit Mehl, Topfen, Salz, geschnittenem Schnittlauch und der in Butter angerösteten, gehackten Zwiebel vermischen und zu einem Teig verarbeiten.

Aus dem Teig mit einem Löffel kleine Häufchen herunterstechen und zu circa 1 cm dicken und 6 cm breiten Laibchen geformt. Diese anschließend in sehr heißem Butterschmalz beidseitig braten.

Broadaknödel ▪ Topfenknödel

500 g Weißbrot (oder 6 Semmeln)
1 EL Mehl
ca. $^1/_4$–$^3/_8$ l Milch
1 Zwiebel
60 g Butter
250 g Topfen (= Broada)
3 Eier
1 Bund Petersilie
Salz
3 EL Butterflocken
geröstete Zwiebelringe zum Garnieren

Brot in Würfel schneiden, mit Mehl vermischen und mit heißer Milch übergießen. Fein gehackte Zwiebel in Butter goldgelb anrösten und mit Topfen, Eiern und gehackter Petersilie unter die Brotmasse mischen. Knödel formen und in leicht wallendem Salzwasser oder über Dampf circa 20 Minuten köcheln lassen.

Auf Tellern anrichten und mit Butterflocken und gerösteten Zwiebelringen bestreut servieren.

Broadakropfen ▪ Topfenkrapfen

300 g Weizenbrotmehl
200 g Roggenmehl
Salz
2–3 EL heißes Wasser
70 g zerlassene Butter
Butterschmalz oder Öl zum Herausbacken
Für die Füllung
500 g Topfen (= Broada)
Salz
1 Bund Schnittlauch

Mehl auf das Brett sieben. In eine Grube alle andern Zutaten hineingeben und von innen nach außen alles durchmischen und zu einem Teig verkneten. Circa 20 Minuten rasten lassen. Mittlerweile für die Füllung alle Zutaten gut vermengen.

Aus dem Teig eine Rolle formen, davon kleine Stücke abschneiden und zu ovalen Blättern auswalken, mit Fülle belegen, zusammenklappen, Rand gut zusammendrücken und im heißen Fett schwimmend herausbacken.

Statt der Topfenfülle kann man auch Spinatfülle machen: Spinat nach Rezept auf S. 110 zubereiten und unter die Topfenmasse (nur circa 250 g Topfen) mischen.

»Oh senorita, i bin koa Torero,
doch in die Berg' bin i der Matador.«

Milchmuas

1 l Milch
Salz
ca. 250 g Mehl
4−5 EL Butter

Milch aufkochen, salzen, und unter ständigem Rühren Mehl einrieseln lassen. Weiterrühren, bis die Masse dicklich ist, dann so lange köcheln lassen, bis sich am Boden der Pfanne eine bräunliche Kruste bildet. Vom Herd nehmen, kurz rasten lassen, bis eine dünne Haut entsteht. In die Mitte der Muas-Masse eine Grube machen, Butter hineingeben und schmelzen lassen oder gleich mit gebräunter Butter abschmelzen. In der Pfanne servieren. Dazu reicht man Schwarzbrot und Milch.

Zillertaler Krapfen

400 g Roggenmehl (oder 300 g Roggenmehl und
100 g Weizenbrotmehl)
Salz
Wasser nach Bedarf
Butterschmalz oder Öl
Für die Füllung
600 g Erdäpfel
300 g Bauerntopfen (oder 200 g Topfen und 100 g Graukas)
3 EL Butter
1 Zwiebel
1 Bund Schnittlauch
Salz
1 EL Sauerrahm
heißes Wasser nach Bedarf

Mehl auf ein Brett sieben, in eine Grube etwas Salz geben und langsam mit einem Messer Wasser in das Mehl einarbeiten. Kneten, bis ein schöner, homogener Teig entsteht. Für die Füllung Erdäpfel kochen, schälen und passieren. Ausgekühlt mit den übrigen Zutaten vermischen und mit heißem Wasser zu einer zähen Masse vermischen.

Nach kurzem Rasten eine etwa 5 cm dicke Rolle formen. Davon circa 1 cm dicke Scheiben abschneiden und zu kreisförmigen Blättern auswalken.

Die Blätter mit Fülle belegen und zusammenschlagen. Den Rand gut zusammendrücken und in heißem Fett herausbacken.

Dazu passen Sauerkraut (nach Rezept auf S. 113), Ruabnkraut (S. 108) oder auch grüner Salat.

Südtiroler Tirteln

200 g Roggenmehl
200 g Haidenmehl
Salz
Wasser
Schmalz oder Öl zum Herausbacken
Für die Füllung
750 g Blattspinat
4 EL Topfen
Brösel nach Bedarf
Mehl mit Salz vermischen. In eine Grube in der Mitte das Wasser einrühren. Solange kneten, bis ein glatter Teig entsteht. Rasten lassen.

Für die Füllung Spinat kurz überbrühen, abseihen, zerkleinern, mit Topfen und Salz vermischen und mit den Bröseln festigen.

Teig zu einer 5 cm dicken Rolle formen, Scheiben von 1 cm abschneiden und zu 10 cm großen, dünnen Scheiben ausrollen. Scheiben mit je einem Löffel der Spinatfüllung belegen, eine Teigscheibe darauf setzen und die Scheiben an den Rändern fest zudrücken. Im heißen Fett schwimmend herausbacken.

Die Tirteln kann man statt mit Spinat auch mit Sauerkraut (nach Rezept auf S. 113) füllen.

Erdäpfelpaunzen

500 g Erdäpfel
250 g Mehl
1 Ei
Salz
1 Prise Muskatnuss
Butter zum Braten

Erdäpfel kochen, schälen und durch die Erdäpfelpresse drücken. Mit Mehl, Ei, Salz und Muskat vermischen und rasch zu einem Teig verarbeiten. Daumendicke Rollen formen und davon 3 cm lange Stücke abschneiden. Gleich in Mehl wenden, damit sie nicht zusammenkleben.

Die Paunzen nach und nach rundherum in heißer Butter goldgelb anbraten. In einen Kochtopf geben und mit etwas Butter zugedeckt circa 15 Minuten nachdämpfen.

Man kann sie pikant mit Sauerkraut und verschiedenen Salaten essen oder süß mit Apfelmus oder Kompott.

Erdäpfelblattln

1 kg gekochte Erdäpfel (vom Vortag)
Salz
2 Eier
Muskatnuss
400–500 g Mehl
Schmalz oder Öl zum Herausbacken

Erdäpfel pressen, salzen, Eier, Muskatnuss und Mehl dazugeben und einen schönen, recht mehligen Teig machen. Eine Rolle formen, Stücke abschneiden und zu handflächengroßen Stücken formen, in heißem Fett herausbacken und mit gekochtem Sauerkraut, das auf die Blattln gegeben wird, servieren.

Man kann auch Nudeln formen und herausbacken und mit Zwetschkenkompott servieren.

»Mei Lederhos'n macht mi toll,
da drin fühl i mi wohl.«

Pressknödel

300 g Knödelbrot
ca. ¼ l heiße Milch
2 mittelgroße gekochte Erdäpfel
200–250 g würziger Käse (Graukas oder Tilsiter)
3 Eier
Petersilie

Salz
Kümmel
Butter zum Anrösten
Rindsuppe (oder heißes Wasser mit Suppenwürze)
1 Lorbeerblatt
1 Zwiebel

Knödelbrot mit heißer Milch übergießen, gekochte, geriebene Erdäpfel darunter mischen, geriebenen Käse dazugeben und mit Eiern, gehackter Petersilie, Salz und Kümmel zu einem Teig verkneten. Knödel formen und flachdrücken und in wenig Fett auf beiden Seiten anbraten. Alle Pressknödel in die Pfanne geben und mit Suppe aufgießen, sodass die Knödel gut bedeckt sind, Lorbeerblatt dazugeben und einmal kurz aufkochen. Suppe abschmecken.

Zwiebel in Ringe schneiden, in heißer Butter anrösten und über die Pressknödel verteilen.

Tiroler Fastenknödel

300 g altbackenes Weißbrot
2 EL Mehl
50 g Butter
1 Zwiebel
250 g Schnittkäse (Tilsiter, Emmentaler, Gouda)
ca. ¼ l Milch
2 Eier
Salz
3 EL Schnittlauch

Weißbrot in Würfel schneiden. So viel Mehl hineingeben, dass alle Würfel schön eingestaubt sind und sich kaum ein Mehl unten in der Schüssel absetzt. In Butter angeröstete

Zwiebel und geschnittenen Käse dazugeben, alles gut durchmischen. Milch mit Eiern und Salz versprudeln und unter die Brotmasse mischen. Mit Salz abschmecken. Mit nassen Händen alles gut durchmischen. Es soll so viel Milch beigemengt sein, dass die ganze Masse durchfeuchtet ist, sich aber nicht zu nass anfühlt. Knödel formen und in leicht wallendem Salzwasser circa 20 Minuten ziehen lassen. Mit Schnittlauchröllchen bestreuen.

Spargel-Risotto

1 Zwiebel
1–2 EL Öl
150 g weißer Spargel
160 g Rundkornreis
$\frac{1}{8}$ l Weißwein
Salz und Pfeffer
Spargelsud
50 g geriebener Parmesan
3 EL Obers

Klein geschnittene Zwiebel in Öl anrösten, Spargelstücke (die Spargelspitzen separat kochen) und Reis dazugeben und kurz erwärmen, bis der Reis glasig wird. Mit Weißwein löschen, salzen und pfeffern und mit etwas Spargelsud aufgießen. Verdunsten lassen und wieder mit wenig Flüssigkeit aufgießen. So fortfahren, bis der Reis kernig weich ist. Parmesan und Obers untermischen und mit gekochten Spargelspitzen servieren.

Radicchio-Risotto

1 EL Öl
1 Zwiebel
1 Tasse Rundkornreis
1 Kopf Radicchio
1/8 l Weißwein
Salz und Pfeffer
2½ l Wasser mit Gemüsewürfel (oder Gemüsesud)
50 g Parmesan oder Mozzarella
4 EL Butter
1 Bund Petersilie

In heißem Öl klein geschnittene Zwiebel anrösten, Reis dazugeben und mitrösten, bis der Reis glasig ist. Radicchiostreifen dazugeben, kurz mitrösten und mit Weißwein löschen. Würzen und mit etwas heißem Wasser mit Gemüsewürfel aufgießen, verdunsten lassen und noch einmal aufgießen, bis der Reis weich ist. Risotto von der Herdplatte nehmen. Käse, Butter und die Hälfte der gehackten Petersilie dazugeben. Am Schluss mit Salz und Pfeffer abschmecken, mit der restlichen Petersilie bestreut servieren.

»Zigge, zagge, zigge, zagge
und die Post geht ab!«

Spinatnocken

1 kg Blattspinat (oder Tiefkühlpackung)
1 Zwiebel
1 EL Butter
3 Eier
Salz
1 Prise Muskatnuss
Pfeffer
2 EL Mehl
300 g Brösel
2–3 EL Milch nach Bedarf
80 g Parmesan
80 g Butter
½ Bund Petersilie

Spinat kochen, passieren, sehr gut ausdrücken (in einem Tuch oder durch einen Kaffeefilter) und in eine Schüssel geben. Zwiebel fein schneiden und in Butter goldgelb anrösten. Zum Spinat dazugeben. Dann Eier, Salz, Muskatnuss und Pfeffer darunter mischen. Mehl und Brösel vermischen und dazugeben. Wenn die Masse zu fest ist, 2 bis 3 Esslöffel Milch beifügen.

Salzwasser zum Kochen bringen. Aus dem Teig mit einem Löffel kleine Portionen herausstechen und in der nassen Hand zu festen Nockerln formen. Schnell arbeiten, da die Nockerln nach Möglichkeit alle zugleich kochen sollten. In kochendes Salzwasser geben und circa 15 bis 20 Minuten kochen lassen. Abseihen, mit Parmesan bestreuen und mit brauner Butter begießen. Mit gehackter Petersilie garnieren.

Mit grünem Salat servieren.

MEHLSPEISEN

Mohnnigilan

1 kg Mehl
1 Würfel Germ (42 g)
50 g Zucker
150 g Margarine
Salz
4 Eier
ca. 1 l Milch
Schmalz oder Öl zum Herausbacken
ca. ⅛ l Wasser
Honig und Zucker nach Geschmack
Zucker und geriebener Mohn zum Bestreuen
evtl. Butter zum Abschmelzen

Aus Mehl, Germ, Zucker, Margarine, Salz, Eiern und ½ l Milch einen Germteig (nach Rezept »Mohnstrudel« auf S. 126) herstellen. Kleine Häufchen (= Nigilan) ausstechen und in heißem Fett herausbacken.

Nigilan in ein Gemisch aus kochend heißer Milch, Wasser, Honig und Zucker legen, herausnehmen und kurz abtropfen lassen. Auf Tellern anrichten und mit Zucker und Mohn bestreuen. Nach Geschmack mit gebräunter Butter abschmelzen.

»Power, voller Power,
never stop the Alpen-Pop!«

Apfelknödel

1 kg Äpfel
350 g glattes Mehl
2 Eier
1 Prise Salz
Zimt und Staubzucker zum Bestreuen
4–5 EL Butter

Äpfel schälen und grob reiben oder in Würfel schneiden.
Mehl dazugeben. Eier versprudeln, salzen und mit den
Äpfeln vermischen. In leicht wallendem, gesalzenem Wasser circa 15 Minuten kochen lassen. Mit Zimt und Staubzucker bestreuen und mit gebräunter Butter begießen.

Kaiserschmarren

Wirklich kaiserlich schmeckt der »Schmarren« mit diesem
Tiroler Originalrezept!

350 g Mehl
ca. ³/₈ l Milch
1 Prise Salz
4 Eier
Butter zum Herausbacken

Mehl mit Milch und Salz glatt rühren, Eier in Klar und
Dotter trennen, Dotter zur Mehl-Milch-Masse geben
und gut vermischen. Aus den Eiklar Schnee schlagen und
unter die Masse heben. In einer Pfanne Butter heiß werden lassen, die Masse circa ½ cm hoch hineingießen und
auf beiden Seiten goldgelb anbraten. Mit zwei Gabeln
zerreißen und auf Tellern anrichten. Man reicht dazu beliebige Kompotte oder Preiselbeermarmelade oder serviert den Schmarren nur mit Zucker bestreut.

Apfelküchlein

300 g Mehl
¼ l Milch
Salz
2–3 Eier
nach Geschmack 1 Spritzer Rum oder Weißwein
ca. 750 g Äpfel
Öl zum Herausbacken
Zimt und Zucker

Mehl mit Milch und Salz gut glatt rühren, Eier und Rum oder Wein untermischen. Der Teig sollte eher dicklich sein. Wenn er zu dünn ist, noch Mehl beifügen.

Äpfel schälen, Kerngehäuse herausschneiden und in circa ½ cm dicke Scheiben schneiden. In den Teig tauchen und sofort in heißem Fett schwimmend herausbacken. Mit Zimt und Zucker bestreuen.

Bauernstrauben

2 EL Butter
³/₈ l Milch
300 g Mehl
Salz
3 Eier
Schmalz oder Öl zum Herausbacken

Butter in einem Topf schmelzen, Milch zugießen und erwärmen. Mehl einrühren, salzen und alles gut vermischen. Eier in Dotter und Klar trennen, Dotter in die Mehl-Milch-Masse rühren, Eiklar zu Schnee schlagen und ebenfalls unterziehen. Den Teig in ein Schnabelgefäß füllen und kurz rasten lassen.

In einer Pfanne Fett erhitzen und die Masse mit kreisförmiger Bewegung einlaufen lassen, sodass sich eine Spirale bildet. Die Spirale sehr vorsichtig herausnehmen und auf einen Teller legen.

Mit Apfelmus, Kompott oder nur mit Zucker bestreut servieren.

B'soffene Ritter

Palatschinkenteig (nach Rezept auf S. 93)
1 Wecken altbackenes Weißbrot
Glühwein (nach Rezept auf S. 136) oder Himbeersaft zum
Begießen

Palatschinkenteig herstellen. Brot in dünne Scheiben schneiden, in den Teig tauchen und Ritter im heißen Fett herausbacken.

Die gebackenen Ritter auf dem Teller mit Glühwein übergießen. Statt des Glühweins kann man auch Himbeersaft nehmen.

Reisauflauf

1 Prise Salz
1 l Milch
200 g Reis
100 g Butter
100 g Zucker
1 Päckchen Vanillezucker
4 Dotter
4 Eiklar
2 EL Rosinen

Butter und Semmelbrösel für die Form
Himbeersaft

In gesalzener Milch den Reis nicht zu weich kochen. Auskühlen lassen.

Butter flaumig rühren, Zucker und Vanillezucker beifügen, Dotter nach und nach einrühren. Am Schluss den geschlagenen Schnee unterziehen. Den Abtrieb zur Reismasse rühren, Rosinen beifügen und in eine bebutterte und mit Semmelbrösel ausgestreute Auflaufform geben. Bei mittlerer Hitze circa 45 Minuten backen
Mit Himbeersaft servieren.

Grießschmarren

1 l Milch
Salz
250 g Grieß
2–3 EL Rosinen
80 g Butter
Zucker

Milch salzen und aufkochen, den Grieß unter ständigem Rühren einrieseln lassen und weich kochen. Dabei häufig umrühren, da die Masse leicht anbrennt. Am Schluss Rosinen dazugeben und auskühlen lassen.

In einer Pfanne Butter schmelzen und die Grießmasse darin goldgelb anrösten. Mit Zucker bestreut servieren.

»Dort wo i auftricks', is immer der Bär los.«

Palatschinken

ca. 1 l Milch
ca. 750 g Mehl
Salz
6 Eier
Butter zum Herausbacken
Marillenmarmelade zum Füllen
Staubzucker zum Bestreuen

Milch sorgfältig in das Mehl einrühren, salzen, Eier unterrühren.

In einer Pfanne ein bohnengroßes Stück Butter heiß werden lassen und den Teig portionsweise einfließen lassen. Die Pfanne gut schwenken, damit sich die Teigschicht möglichst dünn und gleichmäßig auf dem Pfannenboden verteilt. Auf beiden Seiten goldgelb backen.

Palatschinken mit Marmelade bestreichen, einrollen und mit Staubzucker bestreut servieren.

Scheiterhaufen

4 Semmeln
¼ l Milch, 3 Eier
Butter für die Form
250 g Äpfel
30 g Rosinen
2 EL gehackte Mandeln
4 EL Zucker
Zimt
4 EL Butterflocken

Semmel blättrig schneiden, Milch und Eier versprudeln und über die Semmeln gießen. Sobald die Flüssigkeit aufgesaugt ist, die halbe Masse in eine befettete Auflaufform geben.

Äpfel schälen, blättrig schneiden und mit Rosinen, Mandeln, Zucker und Zimt vermischen. Darauf verteilen und mit der restlichen Semmelmasse bedecken.

Butterflocken auf der Semmelmasse verteilen. Im Rohr bei 180 °C circa 30 Minuten backen.

Zwetschkenknödel/Marillenknödel

1 kg Zwetschken/Marillen
1 kg mehlige Erdäpfel
135 g Butter
1 TL Salz
50 g Grieß
250 g Mehl
1 Ei
120 g Semmelbrösel
Staubzucker zum Bestreuen

Früchte waschen und trockentupfen. Erdäpfel kochen, schälen, auf ein Nudelbrett passieren. Mit 35 g Butter in kleinen Stücken versetzen. Abkühlen lassen und Salz, Grieß, Mehl und am Schluss das Ei beimengen.

Aus dem Teig kleine Stücke abschneiden, daraus circa ½ cm dicke Scheiben formen. Zwetschken oder Marillen darin einwickeln, zu Knödeln formen und in leicht kochendem Salzwasser 20 Minuten kochen lassen.

Semmelbrösel in der restlichen Butter rösten. Knödel darin wälzen und mit Staubzucker bestreut servieren.

Schwarzbeernocken

Schmarrenteig nach Rezept »Kaiserschmarren« auf S. 89)
ca. 500 g Schwarzbeeren
Staubzucker zum Bestreuen

Schmarrenteig herstellen. Schwarzbeeren vorsichtig einrühren. Löffelweise kleine Portionen in das heiße Fett geben, bei mäßiger Hitze an der Unterseite bräunen, wenden und kurz auf der Oberseite backen.

Nocken aus der Pfanne heben und anzuckern. Ins warme Backrohr stellen, bis der Teig gar ist. Schwarzbeernocken mit Staubzucker bestreuen und servieren.

Milchpferfelen

1 l Milch
ca. 250 g Mehl
Wasser nach Bedarf
Salz
Butter zum Abschmelzen
Zucker und Zimt zum Bestreuen

Milch aufkochen. Mehl mit Wasser und Salz vermischen, sodass ein fester Teig entsteht. Diesen Teig in die kochende Milch einbröseln und gar kochen lassen. Pferfelen aus dem Wasser heben, gut abtropfen lassen und mit heißer Butter abschmelzen. Mit Zucker und Zimt bestreut servieren.

Osttiroler Blattlstock

1,5 kg Mehl
150 g Zucker
140 g Butter
4 Eier
60 g Germ
1 TL Salz
¾ l Milch
1 TL Rum
300 g Butterschmalz zum Abschmelzen
Für die Füllung
1,5 kg Kletzen
750 g geriebener Mohn
300 g Zucker
Schale von 1 Zitrone
1 TL Zimt
1 Msp. Nelkenpulver
1 TL Rum

Germteig (nach dem Rezept »Mohnstrudel« auf S. 126) herstellen. Aus dem Teig eine Rolle formen und 7 gleich große Stücke abschneiden. Teigstücke zu Blattln von etwa 24 cm Durchmesser ausrollen. Mit einem Tuch zudecken und gehen lassen. Vor dem Backen mit einer Nadel mehrmals anstechen. Bei mittlerer Hitze backen.
Für die Füllung Kletzen weich kochen, faschieren und mit den restlichen Zutaten der Füllung vermischen. Kletzensud wieder dazurühren, damit eine glatte Masse entsteht. Nun jedes Teigblatt 1 cm hoch mit Fülle bestreichen, mit heißem Butterschmalz übergießen und übereinander stapeln. Auf das letzte Blattl mehr Butterschmalz geben als auf die anderen, damit das Schmalz, das nach dem Erkalten weiß wird, seitlich hinunterfließt.

Manchmal werden die Blattln 1 bis 2 Tage vorher ge-
backen, in heißes Honigwasser getaucht und erst danach
mit Fülle bestrichen. Sie werden auch nicht immer übereinander gestapelt, sondern oft auch einzeln gegessen.

Schlosserbuam

¼ l Milch
200 g Mehl
1 Ei
1 Prise Salz
1 TL Rum
500 g Dörrzwetschken
Öl zum Herausbacken
150 g geriebene Schokolade
100 g Staubzucker

Für den Milchbackteig Milch, Mehl, Ei, Salz und Rum
vermischen. Dörrzwetschken in den Teig eintauchen und
in heißem Fett herausbacken. Noch heiß in Schokolade
und Zucker drehen und servieren.

Mürber Apfelstrudel

**Der Teig darf nur hauchdünn sein, die Äpfel schön
säuerlich – dann gibt's einen ultimativ guten Strudel.**

400 g glattes Mehl
200 g Butter
110 g Staubzucker
1 Prise Salz
125 g Sauerrahm

Für die Füllung
1 kg Äpfel
2−3 EL Rosinen
70 g Zucker
Saft von 1 Zitrone
1 TL Zimt
evtl. 3 EL gehackte Walnüsse
Außerdem
Butter für das Blech
Staubzucker zum Bestreuen

In das Mehl die Butter hineinschneiden, Staubzucker und Salz dazugeben, gut abbröseln und am Schluss den Sauerrahm einmengen.

Den Teig zu einem großen Rechteck auswalken, am Rand in Zentimeterabständen Schnitte einschneiden, jede zweite Zacke zurückbiegen.

Für die Füllung Äpfel schälen, nicht zu dick raspeln und mit allen anderen Zutaten vermengen. Fülle auf das Rechteck aufbringen, sodass seitlich an den Rändern noch genug Platz ist. Strudel anschließend einrollen und so auf ein befettetes Blech geben, dass der gezackte Teigrand nach oben zu liegen kommt. Bei 180°C circa 45 Minuten backen.

Mit Staubzucker bestreut servieren.

»Des Leben is oft kalt wie's Gletscher-Eis,
doch net jeder auf der Welt
zahlt diesen Preis.«

»Und wer vor lauter Bäum' den Wald net sieht,
den nimm i einmal hinauf zum Gipfel mit.«

Dampfnudeln

500 g Mehl
20 g Germ
¼ l Milch
60 g Butter
2 Eier
1 Prise Salz
1 EL Rum
Für die Kochflüssigkeit
³/₈ l Milch
3 EL Rum
2 EL Butter
1 Päckchen Vanillezucker
1 EL Zucker

Aus den Zutaten einen Germteig (nach Rezept »Mohn-strudel« auf S. 126) herstellen. Während der Teig rastet, Milch mit Rum, Butter, Vanillezucker und Zucker ver-mischen und aufkochen lassen. Mit einem Löffel Stücke aus dem Teig stechen, in die kochende Milch hineinge-ben und einen Deckel auf den Topf setzen, bis die Dampf-nudeln gar sind. Den Deckel nicht vor Ende der Garzeit abnehmen, denn sonst fallen die Nudeln zusammen.
Die Dampfnudeln in der Milch servieren.

BEILAGEN

Frisch, knackig und gesund – so sieht die ideale
Beilage aus. Gemüse oder Salat, das ist egal.
Aber nein sagen fällt natürlich auch schwer bei
Spezialitäten wie Semmelknödel oder Spätzle.
Die besten Rezepte aus dem schönen Tirol
stehen auf den nächsten Seiten.

Serviettenschnitten

½ Zwiebel
4 EL Butter
300 g altbackenes Brot (oder 5 Semmeln)
4 EL Mehl
1 TL Salz
½ Bund Petersilie
¼ l Milch
2 Eier

Zwiebel anrösten und einen großen Teil des Knödelbrotes mitrösten. Dann alle trockenen Zutaten mit der gehackten Petersilie vermischen, Milch mit Eiern verquirlen und zur Brotmasse mengen. Eine Rolle formen, in eine Serviette oder ein Geschirrtuch einwickeln und in leicht wallendem Wasser kochen lassen.

Spätzle

700 g doppelgriffiges Mehl
Salz
3 Eier
½ l Milch
50 g Butter

Mehl salzen, Eier und Milch versprudeln und ins Mehl rühren. Teig immer von innen nach außen verrühren und sofort verwenden. Masse in viel kochendes Salzwasser drücken, einmal aufkochen und abseihen. Die Spätzle abschrecken, in heißer Butter erwärmen und servieren.

Semmelknödel

Die supergute Beilage zu allem, was Braten heißt.
Eine gelungene Sauce dazu ist ein absolutes Muss!

300 g altbackenes Weißbrot (oder 5 Semmeln)
1 Zwiebel
1 Bund Petersilie
50 g Butter
60 g Mehl
ca. $\frac{1}{8}$ – $\frac{1}{4}$ l Milch
2 Eier
Salz
Brot würfelig schneiden. Zwiebel und Petersilie fein hacken. Zwiebel in heißer Butter glasig anlaufen lassen, die Hälfte der Brotwürfel und der gehackten Petersilie beifügen und ebenfalls anrösten. Alles in eine Schüssel geben, Rest der Brotwürfel und Petersilie sowie das Mehl dazumischen. Milch mit Eiern und Salz versprudeln und unter die Brotmasse mischen. Mit nassen Händen alles gut durchmischen. Mit nassen Händen Knödel formen und in leicht wallendem Salzwasser 20 Minuten kochen.

Specklinsen

500 g Linsen
1 Zwiebel
1 EL Schmalz oder Öl
100 g Speck
4 EL Mehl
1–2 Tassen Linsensud oder Wasser
Salz

2 Lorbeerblätter
½ TL Thymian
Schale und Saft von 1 Zitrone
1 Bund Petersilie

Linsen 3 bis 4 Stunden einweichen. Fein gehackte Zwiebel in heißem Fett anlaufen lassen, in Scheiben geschnittenen Speck zu den Zwiebelwürfeln geben und ebenfalls anrösten. Mit Mehl stauben, und mit Linsensud oder Wasser aufgießen. Die Linsen dazugeben, salzen, Lorbeerblätter, Thymian, Schale und Saft der Zitrone beifügen und weich kochen. Am Schluss noch einmal nachwürzen und Linsen kurze Zeit durchziehen lassen. Mit gehackter Petersilie bestreut servieren.

Erdäpfelpüree

1 kg Erdäpfel
Salz
1 Prise Muskatnuss
4 EL Butter
ca. ½ l Milch
3 Zwiebeln
Butter zum Anrösten

Erdäpfel schälen und in Salzwasser weich kochen. Durch die Kartoffelpresse drücken. Muskatnuss, Butter und heiße Milch dazugeben und auf schwacher Flamme leicht köcheln lassen. Zwiebeln in feine Ringe schneiden, in heißer Butter sehr langsam anrösten und über das Püree streuen.

Erdäpfelkrapfen

500 g gekochte mehlige Erdäpfel
150 g griffiges Mehl
2 ½ EL Butter
1 Ei
Salz
Muskatnuss
Butterschmalz

Aus Erdäpfeln, Mehl, Butter, Ei, Salz und Muskatnuss einen Erdäpfelteig bereiten, fingerdick ausrollen, kleine Häufchen ausstechen und in heißem Butterschmalz beidseitig anbraten.

Gedünsteter Reis

1 Zwiebel
50 g Butter
750 g Reis
3 Tassen Wasser
Salz

Fein gehackte Zwiebel in Butter glasig anrösten, Reis dazugeben, aufgießen, salzen und circa 30 Minuten leicht köcheln lassen.

»Gemma Bier trinken - Bier trinken,
bis zum Abwinken, Abwinken.«

Blaukraut mit Kastanien

1 kg Blaukraut
Essig
1 TL Zucker
ca. ½ l Wasser
½ Zwiebel
3 EL Butter
2 große säuerliche Äpfel
Salz
1 EL Mehl
2 EL Rotwein
gekochte, passierte Kastanien.

Blaukraut in feine Streifen schneiden, mit Essig, Zucker und Wasser vermischen und 30 Minuten ziehen lassen. Zwiebel anrösten, Kraut und Zucker kurz mitrösten, mit Wasser aufgießen. Geschälte und gehobelte Äpfel dazugeben, salzen und zugedeckt weich dünsten. Mehl in wenig Wasser glatt rühren und mit Rotwein und passierten Kastanien dem Kraut beifügen.

Buttererbsen

800 g frische Erbsen
(oder Tiefkühlpackung)
50 g Butter
½ Bund Petersilie
1 TL Zucker
Salz

Erbsen in wenig Wasser weich kochen. Butter heiß werden lassen, abgeseihte Erbsen, gehackte Petersilie und Gewürze dazugeben und noch kurz weiterdünsten.

Rohnensalat (Rote-Bete-Salat)

1,5 kg Rohnen
Essig
Kümmel
Salz
Zucker
eventuell 1 TL gerissener Kren

Rohnen vorsichtig waschen, damit die Schale nicht verletzt wird und in Wasser weich kochen.
Anschließend schälen und in feine Scheiben schneiden. Essig mit Kümmel, Salz, Zucker und etwas Wasser aufkochen und über die noch warmen Rohnen schütten. Rohnensalat gut durchmischen und am Schluss mit Kren versetzen.

Tomaten-Paprika-Salat

900 g Tomaten
3 grüne Paprikaschoten
1 Zwiebel
½ Bund Schnittlauch
Salz
1 EL Essig
2 EL Öl
1 EL Wasser

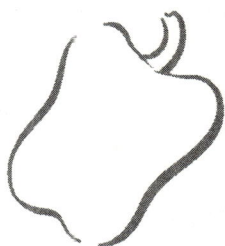

Tomaten in feine Spalten, die entkernten Paprika in dünne Streifen und die Zwiebel in Ringe schneiden. Alles mit fein geschnittenem Schnittlauch und der Marinade aus Salz, Essig, Öl und Wasser vermischen.

Kresse mit Erdäpfelsalat

1 kg Erdäpfel
Salz
1 EL Essig
2 EL Öl
2 EL Wasser
250 g Kresse

Gekochte Erdäpfel in dünne Scheiben schneiden, mit Salz, Essig, Öl und heißem Wasser zu einem eher scharfen Kartoffelsalat vermischen, ziehen lassen und vor dem Servieren mit Kresse vermischen.

»Und wenn's ka Bier mehr ham,
dann gemma wieder ham!«

Ruabnkraut

750 g Ruabnkraut
1 EL Zucker
Salz
½ TL Kümmel
1 Zwiebel
3 EL Schmalz oder Öl
1 EL Mehl
⅛ l Wasser
2 EL Speckwürfel nach Geschmack

Ruabnkraut in einen Topf geben, knapp mit Wasser bedecken und mit Zucker, Salz und Kümmel circa 1 Stunde kochen lassen.

Fein gehackte Zwiebel in heißem Fett goldgelb anrösten, Mehl dazugeben und unter schnellem Rühren kurz anrösten. Mit Wasser aufgießen und circa 10 Minuten köcheln lassen. Kraut aus dem Wasser nehmen und zur Einbrenne geben. Noch kurz dünsten.

Man kann auch noch würfelig geschnittenen Speck dazugeben.

Specksalat

1 Kopf Salat
120 g Bauchspeck
3−4 Scheiben Schwarzbrot
1 EL Essig
2 EL Öl
Salz
2 EL Wasser

Salat waschen, Bauchspeck klein schneiden, anrösten, würfelig geschnittenes Schwarzbrot dazugeben und mitrösten. Masse abkühlen lassen.

Aus Essig, Öl, Salz und Wasser eine Marinade bereiten. Salat marinieren, gerösteten Speck und Brotwürfel darüber streuen.

»Alter Schwede – da geht's ob!
Mach ma schnell an Boxenstop!«

Speckkraut

800 g Weißkraut
Salz
³/₈ l Wasser
5 EL Essig
Kümmel
100 g Bauchspeck
2 EL Öl

Kraut fein hobeln und salzen. Wasser mit Essig und Kümmel zum Kochen bringen, Kraut dazugeben und einmal kurz aufkochen. Von der Herdplatte nehmen und ein wenig abkühlen lassen. Nach 10 Minuten abseihen. Speck würfelig schneiden, in Öl anrösten und mit dem Kraut vermischen. Eventuell nachwürzen.

Spinat

750 g junger Spinat (oder Tiefkühlpackung)
50 g Butter
60 g Mehl
ca. ½ l Milch oder Wasser
Salz und Pfeffer
½ Knoblauchzehe
1 Prise Muskatnuss

Spinat in einem Topf mit wenig Wasser erhitzen, Butter beifügen, mit Mehl stauben und aufgießen. Salz, Pfeffer, zerdrückten Knoblauch und Muskatnuss beifügen und noch kurz fertig dünsten.

Zigorisalat

800 g junger Zigori (= Löwenzahnblätter)
3 EL Öl
1½ EL Weinessig
2 EL Wasser
Salz und Pfeffer
4 hart gekochte Eier
Im März den jungen Löwenzahn samt Wurzelansatz mit einem spitzen Messer ausstechen und putzen. Dabei Wurzeln wegschneiden, aber Wurzelansatz nicht entfernen, damit die Blätter nicht auseinander fallen. Anschließend gut waschen. Löwenzahnbüschel in eine Schüssel geben und mit Öl, Weinessig, Wasser, Salz und Pfeffer würzen. Die Eier schälen, vierteln und auf den Salat legen.

Karfiolsalat

1 große Rose Karfiol
Salz
Essig
Öl
Pfeffer

Karfiol zum Reinigen circa 30 Minuten in warmes Salzwasser legen. Dann Karfiol aus dem Wasser nehmen, in Röschen zupfen und in reichlich Salzwasser ohne Deckel nicht zu weich kochen. Noch heiß mit einer Marinade aus Essig, Öl, Salz und Pfeffer übergießen.

Karotten-Apfel-Salat

1 kg rohe Karotten
400 g säuerliche Äpfel
Saft von 2 Zitronen
2–3 El Honig nach Geschmack
Karotten raffeln, Äpfel hobeln, mit Zitronensaft und Honig abschmecken und servieren.

Sauerkraut auf Tiroler Art

Erst die Messerspitze Kümmel macht das gewisse Etwas aus - also nicht vergessen!

1,5 kg Sauerkraut
1 kleine Zwiebel
100 g Speck
1 EL Öl
5 Wacholderbeeren
1 Msp. Kümmel
Suppenwürze
Salz und Pfeffer

Kraut in Wasser weich kochen und abseihen. Zwiebel und Speck würfelig schneiden, in Öl glasig anbraten. Sauerkraut beifügen, mit Wacholderbeeren und Kümmel würzen. Kurz andünsten lassen, mit Suppenwürze, Salz und Pfeffer abschmecken.

Krautsalat

500 g Weißkraut
Salz
3 EL Öl
1 EL Essig
Wasser nach Bedarf
½ TL Kümmel
evt. 1 gekochter, zerdrückter Erdapfel

Kraut sehr fein schneiden, salzen, mit einer Marinade aus
Öl, Essig, Wasser und Kümmel vermischen und eventuell
etwas ziehen lassen. Am Schluss den zerdrückten Erdapfel
beifügen.

Apfelkren

500 g Äpfel
ca. 40 g Kren
Zitronensaft oder Essig.
Äpfel und Kren reiben und mit
ganz wenig Zitronensaft oder Essig mischen.

Preiselbeerkren

1 TL frisch gerissener Kren
Saft von ½ Zitrone
Salz
200 g Preiselbeermarmelade
Geriebenen Kren mit Zitronensaft, Salz und Preiselbeermarmelade vermischen. Etwas ziehen lassen und zu Wild
servieren.

NACHSPEISEN

Der krönende Abschluss eines gelungenen Essens ist natürlich der Nachtisch. Der gehört einfach dazu. Wenn du Freunde einlädst, dann sollte niemand ohne Dessert das Haus verlassen. Eis zum Beispiel geht doch immer, zu jeder Tages- und Nachtzeit, oder? Am liebsten natürlich im Sommer, wenn auch die Nächte schön warm sind …

EISBECHER

Auch wenn's mehr Arbeit macht, als einmal in den Supermarkt zu gehen: Selbst gemachtes Eis schmeckt immer noch am besten!

Vanilleeis

½ l Milch
80 g Zucker
1 Päckchen Vanillezucker
2 Dotter

Alle Zutaten über Dampf dickschaumig rühren. Abkühlen lassen, dabei öfter rühren. Das Eis einfrieren, wenn es völlig erkaltet ist. Über Wasserdampf sehr schaumig rühren, kalt rühren und im Gefrierfach tiefkühlen.

Nougateis

4 EL Haselnüsse
30 g Schokolade
3 EL Zucker
1 Dotter
2 EL Milch
125 g Obers

Haselnüsse rösten, reiben und mit erweichter Schokolade glatt rühren. Zucker, Dotter und Milch dazugeben und über Wasserdampf dickschaumig rühren. Auskühlen lassen, das leicht geschlagene Obers unterheben und im Gefrierfach tiefkühlen.

Schokoladeneis

60 g Schokolade
4 EL Zucker
2 EL Milch
1 Dotter
125 g Obers

Erweichte Schokolade, Zucker, Milch und Dotter über Wasserdampf dickschaumig rühren. Auskühlen lassen, dabei immer wieder umrühren. Am Schluss das leicht geschlagene Obers dazugeben und im Gefrierfach tiefkühlen.

Erdbeereis

500 g Erdbeeren oder (frisch oder tiefgekühlt)
3 EL Erdbeermarmelade
3 EL Zucker

Erdbeeren und Marmelade passieren und gut mit Zucker vermischen. Über Wasserdampf sehr schaumig rühren, kalt rühren und im Gefrierfach tiefkühlen.

Schokoladenguss

½ l Milch
2 EL Zucker
30 g Schokolade oder 1 TL Kakao
1 EL Stärkemehl
evtl. 1 Spritzer Rum

Alle Zutaten über Wasserdampf schaumig schlagen und vor dem Servieren über das Eis gießen.

Eiskaffee

8 Kugeln Vanilleeis
4 Tassen Kaffee
6 EL Zucker
125 g Obers
Kakao oder geriebene Schokolade zum Bestreuen
2 Hohlhippen oder Eiswaffeln

In ein Glas 2 Kugeln Vanilleeis geben. Bohnenkaffee süßen und dazugießen. Haube aus Obers darauf geben, mit Kakao oder geriebener Schokolade bestreuen und mit Hohlhippen oder Waffeln servieren.

Bräustüblerbier

160 g Staubzucker
¼ l Wasser
70 ml Rum
4 Eier
2 Dotter
100 g Zucker
1 Päckchen Vanillezucker
250 g Obers
ca. 2 EL Zucker

Zucker in einem Kochtopf langsam zu Karamell bräunen. Vom Herd nehmen und mit Wasser verdünnen. Dabei wird der Zucker hart. Bei mäßiger Hitze so lange kochen, bis sich der Zucker auflöst. Masse auskühlen lassen, Rum beifügen. In Gläser füllen und darüber eine Schaummasse aus Eiern, Dotter, Zucker und Vanillezucker geben. Am Schluss eine Haube aus geschlagenem, gesüßten Obers darüber geben.

Bratäpfel

4 schöne Äpfel
6–8 TL Preiselbeermarmelade
Fett für die Form
2 EL Butterflocken

Den Deckel eines jeden Apfels abschneiden, Kerngehäuse herausschneiden, mit Preiselbeermarmelade füllen und in eine befettete Auflaufform geben. Den Deckel wieder aufsetzen, mit Butterflocken belegen und im Backrohr bei 180 °C circa 30 Minuten braten.

Man kann die Bratäpfel als Nachspeise essen oder als Beilage zu Wildgerichten reichen.

Statt der Preiselbeermarmelade kann man die Äpfel auch mit einer Mischung aus Walnüssen, Zimt, Zucker und Obers füllen.

Hollermandl

½ l Wasser
250 g Zucker
1 Zimtstange
3 Gewürznelken
500 g Hollerbeeren
2 EL Maizena

Wasser mit Zucker und Gewürzen aufkochen. Hollerbeeren einrieseln lassen und circa 10 Minuten mitkochen. Maizena in 3 Esslöffel Wasser glatt rühren und das Hollermandl damit eindicken.

Schmeckt hervorragend zu Vanilleeis oder zu Germteigspeisen.

Moosbeermandl

500 g Schwarzbeeren
1 EL Zucker
1 TL Maizena
Die Schwarzbeeren reinigen und mit Zucker und wenig
Wasser kurz dünsten. Maizena in kaltem Wasser anrühren
und die Masse damit eindicken.

Obstsalat

750 g Früchte (Bananen, Orangen, Äpfel, Birnen, Trauben,
Mandarinen – evtl. auch aus der Dose)
100 g Walnusskerne
50 g Zucker
Saft von ca. 1 Zitrone
evtl. 1 Spritzer Orangenlikör, Cognac oder Rum
Joghurt, Sauerrahm oder Obers nach Belieben
Früchte in dünne Scheiben oder kleine Würfel schneiden
und in eine Schüssel geben. Walnusskerne, Zucker, Zitronensaft und Alkohol dazugeben und ziehen lassen.
Man kann variieren mit Joghurt, Sauerrahm (dann Zitronensaft weglassen) oder Obers.

»Des Dirndl is so prall gefüllt ...
i brauch Bier, des mi jetzt kühlt!!«

Apfelkompott

1 kg Äpfel
½ l Wasser
2 Gewürznelken
½ Zimtrinde
Schale und Saft 1 Zitrone
100 g Zucker

Äpfel schälen, entkernen und in Spalten schneiden. In Wasser mit den Nelken, der Zimtrinde und der Zitronenschale vorsichtig weich kochen. Am Schluss Zitronensaft und Zucker dazugeben. Vor dem Servieren Nelken, Zimtrinde und Zitronenschale entfernen.

Apfelmus

Zutaten wie beim Apfelkompott, aber nur circa ⅛ l Wasser verwenden. Wenn die Äpfel weich sind, Gewürze herausnehmen und das Apfelmus passieren. Am Schluss Zitronensaft und Zucker untermischen.

Birchermüsli

Das beste und gesündeste Rezept
für den optimalen Start in den Tag!

130 g grobe Haferflocken
ca. ¼ l Milch
150 g Nüsse (Hasel- oder Walnüsse, Pignolien)
750 g Äpfel
1 Banane

500 g Orangen
einige Trauben
80–100 g Weinbeeren (Korinthen)
ca. 170 g Honig
Saft von 1–2 Zitronen

Haferflocken mit Milch übergießen und quellen lassen. Nüsse schneiden, Äpfel ungeschält reiben, Banane und Orangenspalten in Scheiben schneiden, große Trauben halbieren und mit den anderen Zutaten unter die Haferflocken mischen.

Orangencreme

Da werden deine Gäste strahlen – eine starke Abrundung für ein gutes Essen.

Schale von 1½ unbehandelten Orangen
6 Stück Würfelzucker
130 g Zucker
375 ml Wasser
Saft von 1 kg Orangen
50 g Maizena
3 EL Orangenlikör oder Cognac
500 g Obers
geriebene Schokolade zum Bestreuen

Orangenschale mit Würfelzucker abreiben und mit Zucker und Wasser aufkochen. Den Orangensaft mit Maizena vermischen und mit der Schneerute in das nicht mehr kochende Wasser einrühren. Kurz aufkochen, bis die Masse so fest wie Pudding ist. Auskühlen lassen. Orangenlikör und das steif geschlagene Obers unterziehen, mit geriebener Schokolade bestreut servieren.

KUCHEN, TORTEN UND KEKSE

Wenn es deine Zeit zulässt, gönne dir doch mal eine halbe Stunde am Nachmittag für Kaffee und Kuchen. Das entspannt, macht den Kopf frei für neue Ideen und unterbricht den Tag auf angenehme Weise. Ein selbst gebackener Kuchen ist die Krönung einer solchen Pause! In der Adventszeit dürfen es ruhig auch frisch gebackene, duftende Plätzchen sein …

KUCHEN UND TORTEN

Nordtiroler Apfeltorte

300 g Haferflocken
70 g Zucker
70 g Butter
4 Eier
Saft und Schale von 1 unbehandelten Zitrone
2 TL Zimt
1 TL Backpulver
1 EL Mehl
Fett für die Form
ca. ¾ kg Äpfel
Staubzucker zum Bestreuen

Haferflocken mit 1 Esslöffel Zucker in der Butter goldgelb rösten. Die Eier, den restlichen Zucker, Zitronensaft
und –schale mit dem Zimt schaumig rühren. Backpulver
mit Mehl vermischen und zusammen mit den Haferflocken unter die schaumig gerührte Eimasse ziehen. Die
Hälfte der Masse in einen gut bebutterte Tortenform füllen. Äpfel schälen, Kerngehäuse entfernen und raspeln.
Apfelraspel mit dem verbliebenen Teig mischen und
ebenfalls in die Tortenform geben. Bei 180 °C circa 45
Minuten backen. Mit Staubzucker bestreuen.

»Hob an Durscht - mei liaba Mann
Musi! - Spielt's den 'Anton' an!«

Marmorkuchen

Butter und Semmelbrösel für die Backform
250 g Butter oder Margarine
300 g Zucker
5 Dotter
1 Päckchen Vanillezucker
1 EL Rum
500 g Mehl
1 Päckchen Backpulver
1 EL Obers
¼ l Milch
5 Eiklar
2 EL Staubzucker
2 EL Kakao
1 EL Wasser

Zunächst die Form bebuttern und mit Brösel ausstreuen.
Dann Butter oder Margarine, Zucker, Dotter und Vanillezucker circa 30 Minuten flaumig rühren. Nach Geschmack Rum dazugeben. Mehl mit Backpulver vermischen, löffelweise abwechselnd Mehl und mit Obers vermengte Milch zum Teig geben, zum Schluss den Schnee unterziehen. Eine Hälfte des Teiges separat in eine Schüssel geben. In einer Schale Zucker und Kakao mit etwas Wasser verrühren und die verbliebene Hälfte des Teiges damit vermischen. Abwechselnd hellen und dunklen Teig in die Form füllen und 1½ Stunden bei 200 °C backen.

Mohnstrudel

*Dieser Strudel braucht vielleicht etwas viel Aufwand,
dafür schmeckt das Ergebnis wirklich
garantiert gut!*

20 g Germ
⅛ l Milch
300 g Mehl
2 EL Zucker
Salz
2 EL Butter
1 Ei
1 TL Vanillezucker
Schale von ½ unbehandelten Zitrone
1 TL Rum
Fett für das Backblech

Für die Füllung
300 g gemahlener Mohn
¼ l Milch
100 g Zucker
1–2 EL Rum
½ TL Zimt
60 g Rosinen
Schale von ½ unbehandelten Zitrone
2 EL Honig

Für den Germteig zunächst ein Dampfl herstellen. Dafür
Germ in 3 Esslöffel warmer Milch auflösen, 1 Esslöffel
Mehl und 1 Teelöffel Zucker einrühren. Mit einem Tuch
zudecken und an einem warmen Ort gehen lassen.
In einer Schüssel das Mehl mit Zucker vermischen, an
den Rand Salz streuen. In die Mitte des Mehls die zerlassene Butter, Dotter, Vanillezucker, lauwarme Milch, Zi-

tronenschale, Rum und das Dampfl geben. Alles zu einem glatten Teig vermischen und schlagen, bis er Blasen wirft und sich vom Kochlöffel löst. Mit Mehl bestreuen und mit einem Tuch zugedeckt an einem warmen Ort gehen lassen. Blech befetten.

Für die Füllung geriebenen Mohn in Milch in circa 25 Minuaten weich kochen, alle Zutaten dazugeben. Auskühlen lassen.

Teig in zwei Hälften teilen und jede Hälfte zu einem Rechteck auswalken, mit Fülle bestreichen und einrollen. Im Backrohr bei circa 180 °C 1 Stunde lang backen.

Gitterkuchen

250 g Butter oder Margarine
250 g Staubzucker
4 Eier
250 g geriebene Nüsse
90 g geschnittene Schokolade
1 Päckchen Vanillezucker
Schale von ½ Zitrone
½ TL Zimt
1 TL Kakao
300 g Mehl
1 Päckchen Backpulver
Fett und Mehl für die Backform
Ribiselmarmelade nach Bedarf

Butter flaumig rühren, Zucker dazugeben und nach und nach die Eier einzeln einrühren. Nüsse, Schokolade, Vanillezucker, Zitronenschale, Zimt und Kakao dazugeben. Am Schluss Mehl mit Backpulver vermischt unterheben. Drei Viertel des Teiges in eine befettete und bemehlte

Form geben. Marmelade darauf streichen, aus dem restlichen Teig fingerdicke Rollen formen und als Gitter über die Marmelade legen.

Bei 170 °C circa 1½ Stunden backen.

»I g'spür, ihr seid auf meiner Well'n,
drum lass uns jetzt a Maß bestell'n.«

Südtiroler Buchweizentorte

250 g Butter
2½ EL Zucker
1 Päckchen Vanillezucker
6 Dotter
250 g geriebene Mandeln
1 Päckchen Backpulver
250 g Buchweizenmehl
3 EL Stärkemehl
6 Eiklar

Butter, Zucker, Vanillezucker und Eidotter flaumig rühren, Mandeln dazugeben und langsam das mit Backpulver vermischte Mehl und Stärkemehl untermengen. Aus den Eiklar Schnee schlagen und unter den Teig heben. Im Backrohr bei 150 °C Anfangstemperatur backen, nach 30 Minuten die Temperatur auf 175 °C und nach weiteren 30 Minuten auf 200 °C erhöhen. Insgesamt 1¼ Stunden backen.

Moostorte

4 Dotter
120 g Zucker
120 g geriebene Mandeln
4 EL gehacktes Zitronat
1 EL gehackte Pistazien
4 Eiklar
Für die Glasur
Saft von ½ Zitrone
2 EL heißes Wasser
160 g Staubzucker
gehackte Pistazien zum Bestreuen

Dotter mit Zucker schaumig rühren. Mandeln, Zitronat und Pistazien einrühren. Schnee steif schlagen und unter die Dotter-Zucker-Masse mischen. Bei 150 °C circa 50 Minuten backen. Auskühlen lassen.

Für die Zitronenglasur den Zitronensaft mit Wasser und Staubzucker verrühren und anschließend die Torte damit überziehen. Mit gehackten Pistazien bestreuen.

Ribiseltorte

Für alle Nicht–Tiroler oder Nicht–Österreicher: Hier geht's um Johannisbeeren …

220 g Mehl
70 g Staubzucker
140 g Butter oder Margarine
2 Dotter
Für die Füllung
250 g Staubzucker

2 Eier, 3 Eiklar
80 g geriebene Mandeln
150–200 g Ribisel
Mehl und Staubzucker in eine Schüssel geben, kalte Butterstücke möglichst rasch einarbeiten. Dotter beimengen und alles locker durchkneten. Rasten lassen. Anschließend Mürbteig auf einem Tortenboden auswalken und in die Tortenform hineingeben.

Für die Füllung Zucker und ganze Eier schaumig rühren, Eiklar zu steifem Schnee schlagen und abwechselnd mit den Mandeln unter die Dottermasse heben. Zum Schluss die Ribisel vorsichtig unterheben, auf die Torte heben und diese bei 200 °C backen.

KEKSE

Vanillekipferln

Wenn der Duft von frisch gebackenen Plätzchen durchs Haus zieht, dann ist Weihnachten nicht mehr weit …

300 g glattes Mehl
100 g Staubzucker
130 g Mandeln
200 g Butter
1 Dotter
Butter für das Blech
Außerdem
100 g Staubzucker
1 Päckchen Vanillezucker

Alle trockenen Zutaten vermischen. Butter rasch einarbeiten und am Schluss in eine Grube das Dotter hinein-

geben. Von innen nach außen alles zu einem glatten Teig
kneten. Vor der Weiterverarbeitung 30 Minuten rasten
lassen. Aus dem Mürbteig circa 1 cm dicke Rollen formen. Davon 3 bis 4 cm lange Stücke abschneiden, zu Kipferln formen und auf ein befettetes Mehl geben. Im vor-
geheizten Rohr bei 180 °C goldgelb backen.
Kipferln noch warm in einem Gemisch aus Staubzucker
und Vanillezucker wälzen.

»Girls, so an Typ wie mi',
den gab's noch nie.«

Spitzbuben

420 g glattes Mehl
210 g Staubzucker
120 g geriebene Haselnüsse oder Mandeln
250 g Butter
Butter für das Blech
Ribiselgelee oder Marillenmarmelade zum Füllen
Staubzucker zum Bestreuen
Mehl, Staubzucker und Haselnüsse vermischen, Butter
sehr schnell einarbeiten und alles rasch durchkneten. Teig
zugedeckt rasten lassen. Nach dem Rasten messerrücken-
dick ausrollen. Scheiben ausstechen. Die Hälfte der
Scheiben beiseite legen.
Aus den verbliebenen Scheiben in der Mitte ein kleines,
rundes oder sternförmiges Loch herausstechen. Auf ein

befettetes Blech geben und im vorgewärmten Backrohr bei 160 bis 180 °C circa 6 bis 8 Minuten hell backen. Die nicht gelochten Scheiben noch warm auf der Unterseite mit Marmelade bestreichen, die gelochten Seiten darauf legen und mit Staubzucker bestreuen.

Branntweinkranzeln

120 g Mehl
120 g Staubzucker
120 g geriebene Mandeln
1 Msp. Nelkenpulver
1 Prise Zimt
Schale von 1 Zitrone
120 g Butter
1 Dotter
Butter für das Blech
Für die Glasur
1 Dotter
1 EL Branntwein (Cognac oder Rum)
Hagelzucker

Alle trockenen Zutaten auf einem Brett vermischen, Butter hineinbröseln, zum Schluss das Dotter einarbeiten und alles verkneten. Den Teig 30 Minuten rasten lassen.
Nach dem Rasten den Teig vorsichtig 2 bis 3 mm dick ausrollen, Ringe ausstechen und auf ein befettetes Blech legen. Dotter mit Branntwein verrühren und auf die Ringe streichen. Mit Hagelzucker bestreuen und bei mäßiger Hitze backen.

Kokosbusserln

So süße Busserln – und wer gibt dem Anton eines?

2 Eiklar
50 g Kristallzucker
3 EL Staubzucker
100 g Kokosflocken
1 TL Zitronensaft
Backoblaten bei Bedarf

Eiklar zu festem Schnee schlagen, Zucker löffelweise einschlagen. Vorsichtig mit Kokosflocken und Zitronensaft vermischen. Entweder auf Backoblaten oder auf ein gut befettetes Blech kleine Häufchen spritzen oder mit zwei Teelöffeln kleine Häufchen formen.
Bei 120 bis 150 °C circa 30 Minuten mehr trocknen als backen.

Gefüllte Lebkuchen

Gefüllte Lebkuchen sind von Weihnachtsmärkten
und gefüllten Plätzchentellern einfach nicht mehr
wegzudenken …

600 g Roggenmehl
2 TL Zimt
1 TL Zitronenschale
2 TL Natron
160 g Honig
360 g Zucker (Rohzucker)
70 ml Wasser
4 Eier

1 EL Butter
100 g Marmelade
140 g Hasel- oder Walnüsse
120 g Aranzini
120 g Rosinen
300 g Feigen
evtl. 1 Ei zum Bestreichen

Mehl, Zimt, Zitronenschale und Natron in einer Schüssel gut vermengen. Honig, Zucker und Wasser aufkochen, auskühlen lassen, Eier und Butter einrühren. Zur Mehlmischung geben und alles gut verkneten. Die Hälfte des Teigs zu einem Rechteck von circa 1 cm Dicke auswalken. Mit Marmelade bestreichen und mit den gehackten Nüssen und fein geschnittenen Früchten bestreuen. Dann auch die zweite Hälfte des Teiges zu einem Rechteck auswalken, über den Früchtebelag legen, eventuell mit Ei bestreichen und bei Mittelhitze backen.

»Wo der Handschlag noch zählt,
do fühl i mi dahoam,
und des Eis uns'rer Welt
schmilzt dahin im Sonnenschein.«

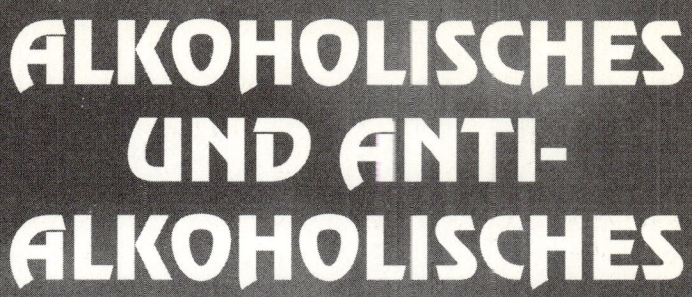

ALKOHOLISCHES UND ANTI- ALKOHOLISCHES

*Nicht nur essen, auch trinken muss der Mensch!
Und »Gemma Bier trink'n«, kann es ja nicht
tagein tagaus heißen … Deshalb findest du hier
eine Auswahl an Rezepten für verschiedene
Teevarianten – super für den Winter – ,
für leckere Säfte – erfrischend und gesund im
Sommer – und für selbst gemachten Likör und
Sekt. Die passen zu jeder Jahreszeit …*

Punsch

2 l starker Schwarztee
Saft von 1 Zitrone
Saft von circa 1 kg Orangen
Schale von 2 unbehandelten Orangen
4 Stück Würfelzucker
ca. 200–400 g Zucker
ca. ¼ l Rum
½ l Rotwein

Tee zubereiten, Zitrone und Orange auspressen. Schale von 2 unbehandelten Orangen mit Würfelzucker abreiben. Tee, Zitronen- und Orangensaft vermischen, Zucker, Rum und Rotwein zugießen und erhitzen, aber nicht aufkochen lassen. Von der Flamme nehmen und einige Zeit ziehen lassen.

Glühwein

1 l Rotwein
8 Gewürznelken
ca. 2 Stangen Zimt
mehrere Stücke Zitronenschale
100–130 g Kristallzucker

Wein mit allen Zutaten einmal aufkochen, abseihen und noch heiß servieren.

Jagatee

Schnee, Skifahren, kaltgefrorene Nasen – und dann zum Aufwärmen in eine Hütte auf einen Jagatee …

Starken Schwarztee zubereiten und mit einem kräftigem Schuss Obstler versetzen.

»Sie hot so an Sexappeal
das olles in mir zuckt
»bleib cool – oh Boyk – sagt mei Verstand,
doch's Herz schlogt wie verruckt!«

Hollerlikör

1 kg abgerebelte Hollerbeeren
1 l Wasser
1 Zimtstange
2 Gewürznelken
240 g Zucker
1 Päckchen Vanillezucker
¼ l Obstler
¼ l Rum

Hollerbeeren, Wasser und Gewürze circa 25 Minuten kochen, erkalten lassen und abseihen. Anschließend noch einmal mit Zucker, Vanillezucker und Nelken aufkochen, abkühlen lassen und am Schluss mit Obstler und Rum vermischen.

Eierlikör

½ l Milch
500 g Obers
250 g Zucker
Mark von 1 Vanillestange (oder 1 Päckchen Vanillezucker)
6 Dotter (nur von ganz frischen Eiern!)
⅛ l Weingeist
⅛ l Cognac
⅛ l Rum (80 %)

Milch, Obers, Zucker und Vanillestange erhitzen, von der Herdplatte nehmen und nach und nach die Dotter einsprudeln. Etwa 10 Minuten bei circa 70 °C warm halten. Dann abkühlen lassen, den Alkohol dazugeben und in Flaschen abfüllen.

Eierlikör ist nicht lange haltbar und sollte immer im Kühlschrank aufbewahrt werden.

Ribiselschnaps

200–300 g Zucker
1 l Obstler
1 kg schwarze Ribisel
4 Gewürznelken

Zucker in Schnaps auflösen, Ribisel und Gewürznelken beifügen und in ein verschließbares Glas füllen. Mindestens 4 Wochen in der Sonne stehen lassen. Zwischendurch die Gläser öfter schütteln.

Schiwasser

Himbeersirup mit Mineralwasser verdünnen und gleich servieren.

»Dann lass i meine Muskeln spiel'n,
die Mädels woll'n mein Bizeps fühl'n.
I lach und sag', mei wahre Kraft,
entfalt i erst nach Mitternacht.«

Hollersirup

Fruchtig, süß und süffig – und aus der Eigenproduktion
garantiert erfolgsverdächtig!

2 l abgekochtes Wasser
4 kg Zucker
5 unbehandelte Zitronen
20 Hollerblüten
100 g Zitronensäure

In das abgekochte Wasser den Zucker einrühren, die in Scheiben geschnittenen Zitronen dazugeben und ganz abkühlen lassen. Dabei öfters umrühren, damit sich der Zucker löst. Die restlichen Zutaten untermischen und 3 Tage lang stehen lassen. Danach Sirup abseihen und in Flaschen füllen.

Glossar der Tiroler Ausdrücke

abbraten: in wenig heißem Fett auf beiden Seiten anrösten

abbröseln: Butter in kleine Stücke schneiden oder hobeln und mit Mehl vermischen

abrebeln: von der Rispe pflücken

abschmelzen: mit zerlassener Butter übergießen

abschrecken: mit kaltem Wasser begießen oder im kalten Wasser spülen

Abtrieb: schaumig gerührte Masse

anschwitzen: Zwiebeln, Gemüse oder Mehl kurz in heißen Fett rösten

auswalken: mit Teigrolle ausrollen

Backrohr: Backofen

Beuschel: Gericht aus Kalbslunge

Blattl: Teigblatt

Broada: Quark

blättrig schneiden: in dünne Scheiben schneiden

Brösel (auch: Semmelbrösel): Paniermehl

Buchteln: Hefegebäck

Busserln: runde Plätzchen

Dampfl: Vorteig bei der Herstellung von Hefekuchen

Dotter: Eigelb

Eierschwammerln: Pfifferlinge

Eiklar: Eiweiß

Einbrenn: Braune Mehlschwitze

Erdäpfel: Kartoffeln

Erdäpfelpaunzen: kurze, dicke Nudeln aus Kartoffelteig (der Name *Paunze* bedeutet: kurz und dick)

Extrawurst: extrafeine Wurst von Kalb, Schwein oder Pute

Faschiertes: Hackfleisch

Fisolen: grüne Bohnen

Frankfurter Würstchen: Wiener Würstchen

frisch gerissen: frisch geraspelt

Frittaten: nudelig geschnittene Pfannkuchen

Germ: Hefe

Geselchtes: geräuchertes Fleisch

Graukas: gewürzter, gereifter Topfen, eine Tiroler Spezialität

Gugelhupf: Napfkuchen

Haidenmehl: Buchweizenmehl

Hoasna: krapfenähnliche Teigtaschen

Holler: Holunder

Jausenbrötchen: Brot für eine Zwischenmahlzeit, Vesper

Kaminwurzen: (= im Kamin geräucherte, würzige Wurst)

Karfiol: Blumenkohl

Kipferln: Hörnchen

Kitz: Junges von Reh, Gämse, Ziege

Klar: Eiweiß

Kletzen: Dörrbirnen

Knackwurst: Zervelatwurst

Knödel: Klöße

Knödelwurst: geräucherte Wurst

Krapfen: in Schmalz gebackenes Gebäck

Kraut: Kohl

Kräuterbündel: Bouquet garni

Kren: Meerrettich

Laibchen: kleines, rundes Gebäck

Lungenbraten: Filetstück von
  Schwein, Rind oder Kalb
Marende: Brotzeit
Marille: Aprikose
Moosbeeren: Heidelbeeren
Muas: Brei
Neugewürzkörner: Pimentkörner
Nigilan: Klößchen aus Hefeteig
Nocken: Klöße
nudelig schneiden: in feine
  Streifen schneiden
Nudelwalker: Nudelholz
Obers: süße Sahne
Obstler: Obstschnaps
Omelette: Eierkuchen
Palatschinken: Pfannkuchen
panieren: in Mehl, Ei und
  Paniermehl wenden
Paunzen: dicke, kurze Nudeln
Pignolien: Pignolen
  (= Piniennuss)
Plente: dicker Mehlbrei
Polenta: dicker Brei aus
  Maisgries
Rahm: saure Sahne
rasten lassen: ruhen lassen
Reibeisen: Haushaltsreibe
Ribisel: Johannisbeeren
Rohnen: rote Beten
Ruabn: Rübe

Ruabnkraut: Rübenkraut, beson-
  ders von einer bestimmten
  Zuckerrübensorte, die in
  manchen Gegenden Tirols
  angebaut wird
Sauerrahm: saure Sahne
Schluss: Unterseite des Teiges,
  z. B. bei Strudel oder Zelten
  (siehe dort), wo die Enden
  des Teiges übereinander
  geschlagen werden
schmelzen: Butter zerlassen
Schüttelbrot: Südtiroler
  Brotspezialität
Schwammerln: Pilze
Schwarzbeeren: Heidelbeeren
Schweinshaxe: Eisbein
Schweinskarree: Rippenstück
Semmel: Brötchen
Staubzucker: Puderzucker
Suppe: Fleischbrühe
Teig auswalken: Teig ausrollen
Tirteln: gefüllte, tellerförmige
  Teigscheiben
Topfen: Quark
Wecken: Brot in länglicher Form
Wirler: Gericht aus Kartoffelteig
Wurzelwerk: Wurzelgemüse
Zelten: Früchtebrot
Zwetschken: Pflaumen

Alphabetisches Rezeptregister

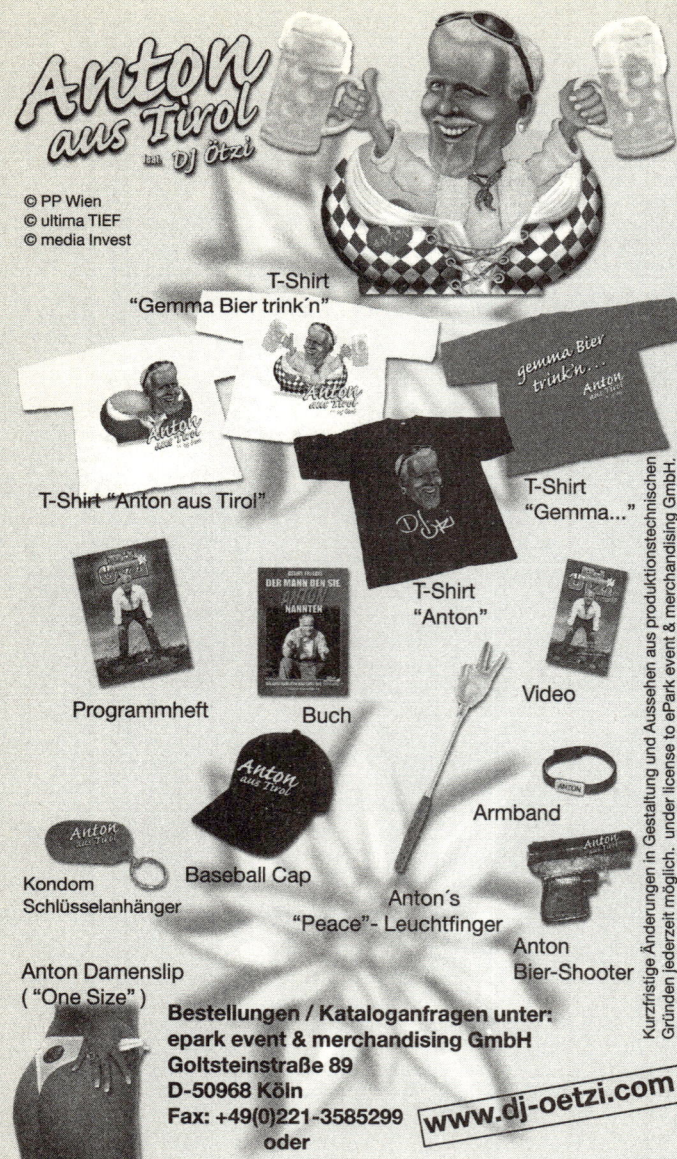